2030미래선택세대들의
'IoT' 이념국가

2030미래선택세대들의
'IoT' 이념국가

초판 1쇄 발행 2019년 6월 15일

지 은 이 손중호
발 행 인 권선복
편   집 전재진
디 자 인 김소영
기록정리 손성희
삽   화 김현주
전 자 책 서보미
발 행 처 도서출판 행복에너지
출판등록 제315-2011-000035호
주   소 (157-010) 서울특별시 강서구 화곡로 232
전   화 0505-613-6133
팩   스 0303-0799-1560
홈페이지 www.happybook.or.kr
이 메 일 ksbdata@daum.net

값 25,000원

ISBN 979-11-5602-727-0 (13300)

도서출판 행복에너지는 독자 여러분의 아이디어와 원고 투고를 기다립니다. 책으로 만들기를
원하는 콘텐츠가 있으신 분은 이메일이나 홈페이지를 통해 간단한 기획서와 기획의도, 연락
처 등을 보내주십시오. 행복에너지의 문은 언제나 활짝 열려 있습니다.

2030미래선택세대들의 'IoT' 이념국가

손중호 지음

AI

Big Data

5G

Block Chain

SW

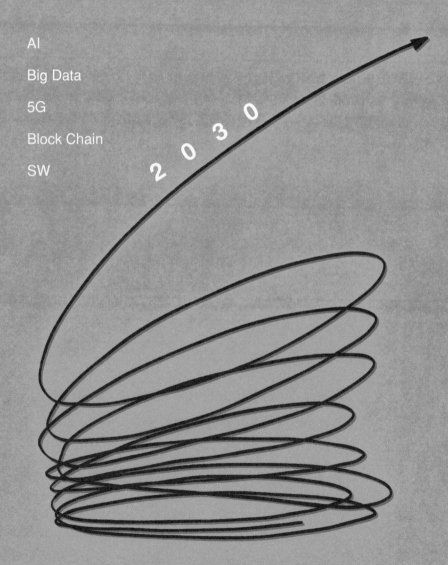

도서
출판 행복에너지

1. 'IoT'이념을 국가정책화함으로써 현재, 대한민국의 4차산업 혁명 성공을 저해하고 있는 좌·우 이념대립을 타파하고, 기 득권 세력화를 혁파할 수가 있게 됩니다.(미국은 정치권이 극한 대 치 속에서도, 2조 달러의 국가 인프라 투자정책에는 우선적으로 합의하는, 국가발 전을 최우선으로 하는 정치를 하고 있습니다.)

2. 대한민국의 모든 공공기관과 모든 공기업의 현재 공무집행방 법을 BBAS[1] 51% 인용하는 '변경되는 공무집행 방법'으로 바 꾸어 시행하게 되면, 매년 국가예산 20%(약 82조 원) 이상을 절 약할 수 있게 되어서, **'문재인 케어' 등 완전한 사회보장정책을 시행할 수 있게 되고,** 공직자들의 부정부패, 복지부동 문제가 해결되어, 대한민국 '정'을 없게 만든 〈김영란법〉과 국민들의

---

1. BBAS: Based on big data, Designed by private Block chain, National policy AI decision making system

'기본권을 침범'할 수 있는 〈공수처법〉이 필요 없게 됨으로써 국론분열을 방지할 수 있습니다.(삼성경제 연구소 통계치 인용함)

3. 대한민국의 국가 경쟁력 향상을 위해서,

1) 탈원전 정책을 10년간 유예한다.

2) 북한 김정은 정부와는 〈상호불가침 조약〉만을 체결하고, 매년 1조 원씩, 10년간, **북한 동포들이 최저 생활을 할 수 있도록** '묻지도 따지지도 않는' 무상원조를 제공한다. 향후 10년 동안 대한민국은 '국방용 GPS체제구축', '킬체인 완성', '국방AI융합센터창설', 'KAMD', 'KMPR', '디지털 국방력 완성(militech 4.10)', 'DMZ 전구간 철통방어 완성' 등으로 북한 정부가 다시는 전쟁을 일으킬 수 없도록 해야 합니다.

3) 국가기간산업(반도체, 바이오, 5G 등, 핀테크(fintech) 금융 산업, 4차산업 혁명 정책) 및 1,000만 명의 1인 벤처육성정책을 시행합니다.

4) 대한민국의 300인 이상 모든 기업들에게, 법인세를 15%로 인하하여 주고, 노동법(① 상급 및 산별노조폐지, ② 기업 내 노동쟁의 금지, ③ 노동유연성 확대, ④ 임금결정을 국가에서 대신하는 등)을 개정하며, 모든 규제를 일거에 혁파시키도록 법률을 개정해 기업 경쟁력을 향상시킵니다.

4. 대한민국의 중산층을 50% 이상 복원시키기 위해서,

   1) 연봉 6,000만 원 이하 근로자들의 근로소득세를 완전하게 폐지시켜야 합니다.

   2) 보유재산 20억 원 이상 국민들에게, 국가공헌의무이행을 위하여 부유세를 신설해야 합니다.

   3) 근로자 300인 이하 모든 기업들에게는 법인세를 10%로 인하시킵니다.

   4) 대한민국의 근로자 300인 이상인 모든 기업들에게 국가 공헌의무이행을 위하여, 세후 이익 10%를 국가공헌기금으로 납부케 합니다.

   5) 위 '2)', '4)'항으로 마련된 국가재정은 중산층 복원 및 근로자들의 완전한 행복자금으로만 전용시킵니다.

5. 대한민국의 공공기관 공직자 및 공기업 종사자들에게, 4차 산업혁명시대에 부합하는 'reskilling 교육'을 이수케 함으로써, 〈BBAS 51% 인용하는 변경되는 공무집행〉을 시행할 수 있게 합니다. 아울러 공공기관 공직자와 공기업 종사자 정원을 33% 감축시킬 수 있게 됨으로써,

   1) 국가부채(공무원 연금, 군인연금 등)를 30% 이상 감소시켜 국가 경쟁력을 향상시킵니다.

2) 'reskilling 교육'으로 무장시킨 **4차산업혁명 대비 핵심인재를 수출**하여, 국가경쟁력을 향상시킨다.

6. 대한민국 공공공기관에 견제와 균형의 원리를 제대로 정착시키기 위해서 대통령 권한을 더욱 특정하며, 권력의 견제 역할을 할 4개의 독립기관(갈등해소 관리위원회, 국가재정관리위원회, 국가감사관리위원회, 4차산업혁명위원회) 수장을 국민투표로 선출함으로써, 국가정책의 연속성을 보장시킵니다. 또 2030미래선택연구소 정책(인구절벽해소정책, 고령자일자리정책, 청년일자리정책)을 국가정책으로 시행함으로써, '218,000명의 새로운 생명탄생'과 '43,600명의 고령자 손주돌봄일자리 창출' 및 '261,600명의 1인 창업가 청년일자리 창출'을 할 수 있게 하여서, 대한민국의 연속성을 보장시킵니다.

7. 4차산업혁명시대의 중심 패러다임이 되고 있는 '사람중심경제(private economy)'는, reskilling(기술재무장) 혁명으로 대한민국 국민 200만 명 이상을 4차산업혁명 핵심인재(AI, BA, SW, 5G)로 육성시켜서 수출함으로써, 2030미래선택세대들이 대한민국을 4차산업혁명 선도국가로 도약시키게 합니다

2019. 5. 1.

2030미래선택연구소 상임고문 **손 중 호**

대한민국 국민여러분!

저자는 현재 한국방송통신대학 경제학과 1학년에 재학 중인 신입생입니다.

"이러한 저자가, 알면, 얼마나 알 수가 있겠습니까!"

하지만 지금의 대한민국은 이대로는 4차산업혁명 선도국가가 절대적으로 될 수 없으며, 오직 글로벌 경쟁에서 처참한 낙오자가 될 뿐입니다!

그래서 감히 제가 대한민국을 4차산업혁명 선도국가로 도약시킬 수 있는 〈2030미래선택세대들의 'IoT' 이념국가 건설〉 정책을 개발하게 되었습니다.

대한민국 국민여러분!

국민 여러분께서는 자랑스러운 대한민국이 당장 내년부터는 인구 감소국가가 될 것이며, ICT 후발국가로 추락하기 시작할 것임을 너무도 잘 알고 계십니다. 그러나 그렇게 되면, 국민 여러분들께서는 '40년 전으로 후퇴하는 슬픈 삶'을 살 수 밖에 없게 된다는 것은 잘 모르시고 계십니다.

대한민국 국민여러분!

이렇듯 대한민국의 암울한 현실은 촌각을 다투고만 있는데, 지금의 대한민국을 운영하고 있는 '좌·우 이념층'과 '기득권층'들은 자신들만을 위한 부유한 삶만을 생각하는 국가 운영으로 일관하고 있습니다.

감히 저자는 '이렇게는 안 되겠다.'는 한 가지 생각만으로 〈2030미래선택세대들의 'IoT' 이념국가 건설〉 정책 개발을 결심하게 되었으며, 첫 번째 저작권(c2019-009651) 등록을 하게 되었습니다.

대한민국 국민여러분!

'**저자의 목적**'은 오로지 대한민국을 4차산업혁명 선도국가로 도약시킬 수 있는 정책개발에만 있습니다.

'**저자의 욕망**'은 대한민국 국민여러분 모두가 알 수 있는 '**대한민국 국격을 향상시키는 정책개발**'에만 있습니다.

'**저자의 주장**'은 대한민국을 4차산업혁명 선도국가로 도약시킬 수 있는 대한민국 국민은, 오로지 '**좌·우 이념층**'에 속하지 않고, '**기득권층**'과도 섞이지 않으며, '**진행과 기회의 공정성**'과 '**결과의 합리성**'만을 중요시하고 있는 '(1020)2030미래선택세대'들이 유일하다는 것입니다.

'**저자의 바람**'은 대한민국의 '(1020)2030미래선택세대' 여러분들이 '**IoT**'**이념국가 건설**에 모두가 동참하여 대한민국을 4차산업혁명 선도국가로 분명하게 도약시켜주는 것입니다.

대한민국 국민 여러분!
저자는 감히 국민 여러분들 대다수가 갖고 계시는 '좌·우' 이념국가 건설 욕망과 기득권층 도약 욕망을 지금 당장, 10년간만 멈추어 주시고, 이제는 대한민국의 자랑스러운 보석들인 '(1020)2030미래선택세대'들에게 대한민국이 4차산업혁명 선도국가로 도약하는 꿈을 실천케 하도록 기회를 주셔야 하겠습니다.

자랑스러운 대한민국은 곧 '세상에서 가장 우월한 지능과 근면성', 그리고 '도전력'을 갖춘 국민여러분들이십니다.

대한민국 국민 여러분!

저자의 『2030미래선택세대들의 'IoT' 이념국가 건설』 정책은 국민여러분들의 '양보하심'과 '(1020)2030미래선택세대'들의 '강력한 도전정신'이 함께하였을 경우에만 완성될 수가 있습니다.

"자랑스러운 대한민국 국민여러분들의 '허락해주심'의 용기가 지금 당장 필요합니다!"

2019. 5. 1

저자 **손 중 호** 드림

특허출원내역

제   C-2019-009651   호

저작권 등록증

1. 저작물의 제호(제목)   2030미래선택세대들의 "IoT" 이념국가

2. 저작물의 종류   어문저작물>기획안

3. 저작자 성명(법인명)   손중호
   서울특별시 서초구 방배천로2안길

4. 생년월일(법인등록번호)   1957년09월28일

5. 창작연월일   2018년10월01일

6. 공표연월일   -

7. 등록연월일   2019년04월05일

8. 등록사항   저작자 : 손중호,
   창작 : 2018.10.01

「저작권법」 제53조에 따라 위와 같이 등록되었음을 증명합니다.

2019년 04월 05일

한국저작권위원회

출원번호통지서 (1)

관인생략

출 원 번 호 통 지 서

- 출 원 일 자 2018.09.17
- 특 기 사 항 참조번호(1)
- 출 원 번 호 40-2018-0128808 (접수번호 1-1-2018-0920802-59)
- 출 원 인 명 칭 2030미래선택연구소 주식회사(1-2018-055900-1)
- 대 리 인 성 명 박윤호(9-2003-000259-2)

특 허 청 장

<< 안내 >>

1. 귀하의 출원은 위와 같이 정상적으로 접수되었으며, 이후의 심사 진행상황은 출원번호를 통해 확인하실 수 있습니다.
2. 출원에 따른 수수료는 접수일로부터 다음날까지 동봉된 납입영수증에 성명, 납부자번호 등을 기재하여 가까운 우체국 또는 은행에 납부하여야 합니다.
   ▷ 납부번호 : 0131(기관코드)- 접수번호
3. 귀하의 주소, 연락처 등 변경사항이 있을 경우, 즉시「특허고객번호 정보변경(경정), 정정신고서」를 제출하여야 이후의 각종 통지서를 정상적으로 받을 수 있습니다.
   ▷ 특허(patent.go.kr) 접수 · 민원서식다운로드 · 특허법 시행규칙 별지 제5호 서식
4. 특허(실용신안등록)출원은 명세서 또는 도면의 보정이 필요한 경우, 등록결정 이전 또는 의견서 제출기간 이내에 출원서에 최초로 첨부된 명세서 또는 도면에 기재된 범위 안에서 보정할 수 있습니다.
5. 외국으로 출원하고자 하는 경우 PCT 제도(특허·실용신안)나 마드리드 제도(상표)를 이용할 수 있습니다. 국내출원일을 외국에서 인정받고자 하는 경우에는 국내출원일로부터 일정한 기간 내에 외국에 출원하여야 우선권을 인정받을 수 있습니다.
   ▷ 제도 안내 : http://www.kipo.go.kr·특허마당·PCT·마드리드
   ▷ 우선권 신청서 : 특허 실용신안은 12개월, 상표 디자인은 6개월 이내
   ▷ 외국특허정보의 선행기술 기초로 우리나라에 우선권주장을 신청할 시, 선출원이 이공개상태라면, 우선일로부터 16개월 이내에 외국특허문헌의 (전자적교환방식)PTO/SB 70을 제출하거나 우리나라에 우선권 증명서류를 제출하여야 합니다.
6. 본 출원사실을 외부에 표시하고자 하는 경우에는 아래와 같이 하여야 하며, 이를 위반할 경우 관련법령에 따라 처벌을 받을 수 있습니다.
   ▷ 특허출원 10-2010-0000000, 상표등록출원 40-2010-0000000
7. 종업원이 직무수행과정에서 개발한 발명을 사용자(기업)가 명확하게 승계하지 않은 경우, 특허법 제2조에 따라 심사청구예에 특허거절결정되오거나 특허법 제133조에 따라 등록이후에 특허무효사유가 될 수 있습니다.
8. 기타 심사 절차에 관한 사항은 동봉된 안내서를 참조하시기 바랍니다.

출원번호통지서 (2)

관인생략

출 원 번 호 통 지 서

- 출 원 일 자 2018.09.17
- 특 기 사 항 참조번호(2)
- 출 원 번 호 40-2018-0128809 (접수번호 1-1-2018-0920803-05)
- 출 원 인 명 칭 2030미래선택연구소 주식회사(1-2018-055900-1)
- 대 리 인 성 명 박윤호(9-2003-000259-2)

특 허 청 장

<< 안내 >>

1. 귀하의 출원은 위와 같이 정상적으로 접수되었으며, 이후의 심사 진행상황은 출원번호를 통해 확인하실 수 있습니다.
2. 출원에 따른 수수료는 접수일로부터 다음날까지 동봉된 납입영수증에 성명, 납부자번호 등을 기재하여 가까운 우체국 또는 은행에 납부하여야 합니다.
   ▷ 납부번호 : 0131(기관코드)- 접수번호
3. 귀하의 주소, 연락처 등 변경사항이 있을 경우, 즉시「특허고객번호 정보변경(경정), 정정신고서」를 제출하여야 이후의 각종 통지서를 정상적으로 받을 수 있습니다.
   ▷ 특허(patent.go.kr) 접수 · 민원서식다운로드 · 특허법 시행규칙 별지 제5호 서식
4. 특허(실용신안등록)출원은 명세서 또는 도면의 보정이 필요한 경우, 등록결정 이전 또는 의견서 제출기간 이내에 출원서에 최초로 첨부된 명세서 또는 도면에 기재된 범위 안에서 보정할 수 있습니다.
5. 외국으로 출원하고자 하는 경우 PCT 제도(특허·실용신안)나 마드리드 제도(상표)를 이용할 수 있습니다. 국내출원일을 외국에서 인정받고자 하는 경우에는 국내출원일로부터 일정한 기간 내에 외국에 출원하여야 우선권을 인정받을 수 있습니다.
   ▷ 제도 안내 : http://www.kipo.go.kr·특허마당·PCT·마드리드
   ▷ 우선권 신청서 : 특허 실용신안은 12개월, 상표 디자인은 6개월 이내
   ▷ 외국특허정보의 선행기술 기초로 우리나라에 우선권주장을 신청할 시, 선출원이 이공개상태라면, 우선일로부터 16개월 이내에 외국특허문헌의 (전자적교환방식)PTO/SB 70을 제출하거나 우리나라에 우선권 증명서류를 제출하여야 합니다.
6. 본 출원사실을 외부에 표시하고자 하는 경우에는 아래와 같이 하여야 하며, 이를 위반할 경우 관련법령에 따라 처벌을 받을 수 있습니다.
   ▷ 특허출원 10-2010-0000000, 상표등록출원 40-2010-0000000
7. 종업원이 직무수행과정에서 개발한 발명을 사용자(기업)가 명확하게 승계하지 않은 경우, 특허법 제2조에 따라 심사청구예에 특허거절결정되오거나 특허법 제133조에 따라 등록이후에 특허무효사유가 될 수 있습니다.
8. 기타 심사 절차에 관한 사항은 동봉된 안내서를 참조하시기 바랍니다.

출원번호통지서 (3)

관인생략

출 원 번 호 통 지 서

- 출 원 일 자 2018.09.17
- 특 기 사 항 참조번호(3)
- 출 원 번 호 40-2018-0128810 (접수번호 1-1-2018-0920804-40)
- 출 원 인 명 칭 2030미래선택연구소 주식회사(1-2018-055900-1)
- 대 리 인 성 명 박윤호(9-2003-000259-2)

특 허 청 장

<< 안내 >>

1. 귀하의 출원은 위와 같이 정상적으로 접수되었으며, 이후의 심사 진행상황은 출원번호를 통해 확인하실 수 있습니다.
2. 출원에 따른 수수료는 접수일로부터 다음날까지 동봉된 납입영수증에 성명, 납부자번호 등을 기재하여 가까운 우체국 또는 은행에 납부하여야 합니다.
   ▷ 납부번호 : 0131(기관코드)- 접수번호
3. 귀하의 주소, 연락처 등 변경사항이 있을 경우, 즉시「특허고객번호 정보변경(경정), 정정신고서」를 제출하여야 이후의 각종 통지서를 정상적으로 받을 수 있습니다.
   ▷ 특허(patent.go.kr) 접수 · 민원서식다운로드 · 특허법 시행규칙 별지 제5호 서식
4. 특허(실용신안등록)출원은 명세서 또는 도면의 보정이 필요한 경우, 등록결정 이전 또는 의견서 제출기간 이내에 출원서에 최초로 첨부된 명세서 또는 도면에 기재된 범위 안에서 보정할 수 있습니다.
5. 외국으로 출원하고자 하는 경우 PCT 제도(특허·실용신안)나 마드리드 제도(상표)를 이용할 수 있습니다. 국내출원일을 외국에서 인정받고자 하는 경우에는 국내출원일로부터 일정한 기간 내에 외국에 출원하여야 우선권을 인정받을 수 있습니다.
   ▷ 제도 안내 : http://www.kipo.go.kr·특허마당·PCT·마드리드
   ▷ 우선권 신청서 : 특허 실용신안은 12개월, 상표 디자인은 6개월 이내
   ▷ 외국특허정보의 선행기술 기초로 우리나라에 우선권주장을 신청할 시, 선출원이 이공개상태라면, 우선일로부터 16개월 이내에 외국특허문헌의 (전자적교환방식)PTO/SB 70을 제출하거나 우리나라에 우선권 증명서류를 제출하여야 합니다.
6. 본 출원사실을 외부에 표시하고자 하는 경우에는 아래와 같이 하여야 하며, 이를 위반할 경우 관련법령에 따라 처벌을 받을 수 있습니다.
   ▷ 특허출원 10-2010-0000000, 상표등록출원 40-2010-0000000
7. 종업원이 직무수행과정에서 개발한 발명을 사용자(기업)가 명확하게 승계하지 않은 경우, 특허법 제2조에 따라 심사청구예에 특허거절결정되오거나 특허법 제133조에 따라 등록이후에 특허무효사유가 될 수 있습니다.
8. 기타 심사 절차에 관한 사항은 동봉된 안내서를 참조하시기 바랍니다.

〈상표견본〉

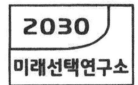

2030미래선택세대 여러분!

대한민국은 너무나도 소중한 2030미래선택세대들의 나라입니다.

2030년부터 본격적으로 오게 될 새로운 미래는 어찌하여야 하겠습니까!

새로운 미래는 2030미래선택세대들이 주관하여야 되는 4차산업혁명시대의 미래입니다.

"새로운 미래는 유명한 사람들이", 아니, "잘난 사람들이 책임질 수 있는 미래가 아닙니다." 오로지 힘들어서 주눅들어 있는 2030미래선택세대들이 책임져야만 되는 4차산업혁명시대의 새로운 미래입니다.

2030미래선택세대들은, 대한민국을 4차산업혁명 선도국가로 도약시킬 수 있는 "진행의 공정성"과 "결과의 합리성[1]"을 모두 소유하고있으며, 마음과 마음까지도 연결해주는 "IoT" 이념국가를 지향하고 있는 자랑스러운 보석들입니다.

---

1. 자유민주주의와 자본주의를 지향하고 있는 대한민국의 2030미래선택세대들은 시작은 공정하고 공평하게 시작될 수 있는 "평등"이 보장되어야되며, 마지막은 노력한만큼의 결과를 인정한다는 뜻입니다.

이제부터 2030미래선택세대들은, 스스로 주어진 권리와 주어진 의무를 다할 것입니다. 숨어버린 도전정신도 지식 속에서 탈출시켜야 하겠습니다.

40-50-60세대들은, 2030미래선택세대들에게 조건 없는 기회를 주어야 하며, 광폭적인 응원을 보내주어야 합니다.

2030미래선택세대들은, 40-50-60세대분들을 원망만 하고 있을 시간이 부족합니다.

40-50-60세대분들이 2030미래선택세대들에게 헬조선만을 동경하여 부추김하고 있다고 원망하며 마냥 어리석게 미래의 시간을 낭비해서는 안 됩니다.

2030미래선택세대들!

우리는 밀레니얼 세대들로서, 대한민국의 대체 인적자원이 될 수 있는 충분한 구성원들로 존재하고 있습니다.

우리들이 희망하고 있는 마음과 마음(IoT)이 함께할 수 있는 "Group Genious[2]" 정신도 있습니다.

---

2. Group Genius(가장 위대한 천재): 나는 천재가 될 수 있지만, 여기서는 함께 힘을 모으면 누구나 천재가 될 수 있다는, 2030미래선택세대들이 마음과 마음을 연결(IoT) 해야 함을 뜻합니다.

우리들 스스로는 꿈도 꿀 수 없게 만드는 "국가의 공무집행 시스템"을 BBAS big data AI 51% 인용정책 시스템으로 변경하게 하는 도전을 시작하여야 하겠습니다.

2030미래선택세대들은, 공무원이 되는 길이 적어지더라도, 공공기관과 공기업 종사자들이 33% 이상은 감축되는 정책을 기다리고 있습니다.

그리고 공공기관과 공기업의 모든 부서에는, BBAS big data AI 51% 인용하는 공무집행시스템으로 변경되는 법률제정을 희망하고 있습니다.

2030미래선택세대들은, "결과의 공정성 정책"으로만 시행되고 있는, 지금의 "국가서민구제정책"은 대한민국의 미래를 좀먹게만 하는 잘못된 정책임을 분명하게 알고 있습니다.

이것은 2030미래선택세대들의 자유의사에 따른 "진행의 공정성"을 훼손하는, 2030미래선택세대들의 "Group Genius"의 "함께하는 도전정신"을 경시하고 무시하는 정책이기 때문입니다.

2030미래선택세대들은, 진행의 공정성과 소확행의 행복도 너무도 사랑합니다.

하지만 좌·우이념과 기득권만큼은 정말로 싫어합니다.

2030미래선택세대들은, 서로의 마음과 마음을 연결할 수 있게 하는 "IoT"이념국가!

즉, Group Genius 들의 진행의 공정성과 결과의 합리성만을 지향하고 있습니다.

2030미래선택세대들은, 40-50-60세대분들의 권리를 침해하려거나 이기려고 하지않습니다.

다만, 1020미래세대들과 2030미래선택세대들의 권리를 침해하고 있는 4차산업혁명을 역행하고 있는 40-50-60세대분들의 모든 정책을 거부하는 것입니다.

2030미래선택세대들에게는, 서로를 "진행의 공정성"으로만 연결하여 주는 "IoT"의 마음들이 사라져가고 있는, 함께하여서 웃고, 소통하고 싶은, "Group Genius"가 실종되어가는 지금 이 순간만을 오로지 경멸할 뿐입니다.

두고 볼 수만은 없는 "대한민국 2030미래선택세대들의 재앙" 2030미래선택세대들 스스로 "소중한 내 나라다"라는 주인정신으로 당당할 수 있어야 하겠습니다!

〈황영기 법무법인 세종 고문〉

CONTENTS

2030미래선택세대들의 4차산업혁명선도국가 정책 / 4

prologue / 8

특허출원내역 / 12

다짐글(1) / 14

PART "A"

"4차산업혁명 선도국가도약을 위하여서 2030미래선택연구소에서 개발된 정책들"

첫 낙엽을 밟았습니다 / 24

정책1 대한민국의 공공기관과 공기업의

〈BBAS big data AI 51% 인용하는 변경되는 공무집행방법〉

1. BBAS 51% 인용정책 / 29

2. 변경되는 공무집행시스템 정책으로 예상되는 내용 / 37

감추고 싶은 그대(은행나무) / 44

정책2 2030미래선택연구소의 "인구절벽 해소정책"과

"고령자 일자리정책", 그리고 "청년 일자리 정책"

1. 첫 번째 정책안 / 46

2. 두 번째 정책안 / 49

3. 사업진행방법과 유·무형의 예상수입 / 50

까치가 "깍깍깍", 까—깍 "목청을 높인다" / 60

다짐글(2) / 63

정책3 대한민국을 4차산업혁명 선도국가로 도약시키게 할 수 있는
2030미래선택연구소정책(Big data, AI, 5G, SW 전문가 육성정책)

1. 대한민국 공공기관의 4차산업혁명 공무집행정책 / 69

2. 대한민국 청년 및 장년 일자리 정책 / 72

3. 시티즌 데이터 사이언티스트 양성교육 / 76

4. 서울대 데이터 사이언스전문대학원 / 76

5. "C3 기술독립군" / 76

6. 이노베이션 아카데미 (AI대학원) / 77

7. KAIST 등 인공지능대학원 / 77

8. IBM의 P—테크 교육과정 / 78

9. NEET 측의 4차산업혁명 전문인력 양성정책 / 78

은사시 나무의 갈망 / 80

다짐글(3) / 83

정책4 대한민국 정부의 인구절벽해소정책 / 88

다짐글(4) / 95

정책5 대한민국 청년일자리정책 / 97

정책6 대한민국 고령자일자리정책 / 106

정책7 대한민국 R&D정책
2030미래선택연구소 R&D정책 / 109

다짐글(5) / 116

PART "B"

"4차산업혁명 선도국가도약을 위하여서
2030미래선택연구소에서 개발하고 있는 정책"

정책8 대한민국 공직자정책 / 126

정책9 대한민국 외교, 안보정책 /133

정책10 대한민국 교육개혁정책 / 142

정책11 대한민국 노동법개혁정책 / 151

정책12 대한민국 근로자 행복보장정책 / 156

정책13 대한민국 중산층 복원정책 / 158

다짐글(6) / 162

정책14 대한민국 국가경쟁력 향상정책 / 169

정책15 대한민국 기업경쟁력 제고정책 / 178

정책16 대한민국 신산업육성정책 / 182

정책17 대한민국 법률개정정책 / 191

성모님 그대! / 194

PART "C"

"4차산업혁명 선도국가도약을 위하여서 2030미래선택연구소에서 개발해야 되는 정책"

정책18 갈등해소관리위원회(독립기관) / 198

정책19 4차산업혁명위원회(독립기관) / 203

정책20 국가감사위원회(독립기관) / 209

정책21 국가재정위원회(독립기관) / 210

epilogue / 217

2030미래선택세대들의
'IoT' 이념국가

4차산업혁명
선도국가도약을 위하여서
2030미래선택연구소에서
개발된 정책들

첫 낙엽을 밟았습니다!

어김없이 첫 낙엽을 밟아보고 있습니다.
고단한 삶의 시작이 될 수도 있는,
그런 첫 낙엽소리입니다.

2030!
우리들은 행복합니다.
창조의 샘물이 넘쳐나는 우리나라에서,
태어났기 때문입니다,

2030 미래선택!
이제 우리들은, 우리들 스스로가
창조의 샘물을 마실 수가 있어야 합니다,
50-60을 원망하여서도 안 되고,
70-80에게 불효하여서도 안 됩니다,

2030 미래선택세대들은!

우리가 갈 길은, 우리가 결단코

가야만 하는 그 길은,

열심히, 그리고 영리하게 창조의 샘물을

마시는 것입니다.

2030 !

첫 낙엽 소리는, 내년에도 그리고 계속하여서

오고야 말 것입니다.

우리들의 미래선택세상들은,

우리가 적극적으로 첫 낙엽을 밟을 수 있게

하는 것입니다.

AI 2030 미래 선택 세상! 5G

우리나라는 괜찮은 나라입니다,

우리들은 흙수저가 아닙니다,

그러나, 금수저도 될 필요는

없을 것입니다,

SW

그저 우리들의 미래선택세상은

'IoT' 세상과 함께하는 세상일 뿐입니다.

2030!

우리나라에서 창조의 샘물이 넘쳐나고

있다는 것으로만,

감사할 줄 알아야 합니다,

'IoT' 세상과 '먼 미래'는

정말 공평할 수 있게 해야 합니다!

2018. 10. 7

2030 미래선택세대들

2030미래선택연구소

2030futurechoice@2030futurechoice.com
www.2030futurechoice.com

서울 서초구 반포대로30길 82, 6층(서초동, 우서빌딩)
대표전화: (02)595-2030, 팩스: (02)595-2037
2030: (02)595-2030~7 1020: (02)3481-1020~1
4050: (02)3481-4050~1 6070: (02)595-6070~1

대한민국의 공공기관과 공기업의 BBAS BDAI 51% 인용하는 변경되는 공무집행 방법

정책개발 세부내용

1. "BBAS Based on big data, Designed by private Block chain, National policy AI decision making System 51% 인용정책"

가. 빅데이터에 기반하고 감사기능이 있는 블록체인으로 설계된, 국가정책에서 인공지능의사 결정시스템 51%를 인용하는 공무집행정책을 개발하였습니다. 〈김관덕 KAIST 졸업〉

2030미래선택세대 여러분!

인공지능은 인류역사상 처음으로 '올바른 결정'을 지원하는 기술로서 정부정책을 근본적으로 혁신시킬 전망입니다.

전자정부는 '올바른 절차', 지능정부는 '올바른 결정'을 지향하게 될 것입니다. 미분형 정책결정을 적분형 정책결정으로 통화화하고, 경험기반 정책결정에서 데이터기반 정책결정으로 과학화하며, 평균지향 정책에서 사실기반 정책으로 정밀화 할 것입니다. 인공지능은 현재의 전자정부를 넘어서 지능정부를 구현할 것입니다.

2030 미래선택세대 여러분!

국가적 변화를 예측해 보자면, '절차중심 정부'에서 '결과중심 정부'로. 관료주의, 형식주의를 벗어나 개별 상황에 알맞은 과학적 정책을 통해 원하는 결과를 실현하는 4차산업혁명 정부로 변화할 것입니다.

네트워크 조직을 넘어 플랫폼 조직으로, 기존 조직이 가졌던 부처 간 칸막이를 뛰어넘어 모든 부처가 공통의 플랫폼 위에서 마치 하나의 정부처럼 작동할 것입니다.

제3의 거버넌스(정부와 민간의 융합). 정부와 민간이 인공지능과 플랫폼을 공동개발, 관리하기 때문에 서로 책임과 권한을 공유하는 정부·민간 융합에 의한 협치가 확대될 것입니다.

동서고금을 막론하고 정부는 변화에 대한 저항력이 매우 강합니다. 그렇기 때문에 더욱더 우리 2030미래선택세대 여러분들이 시대의 흐름에 맞는 효과적인 정부를 선택해야 합니다.

공무원 집단 및 개인의 판단으로 인한 직·간접 피해를 줄이려면 '빅데이터에 기반하고 교차감사 기능이 있는 블록체인으로 설계된 국가정책인공지능의사결정지원시스템'을 개발하여 정책의 개발과 집행의 51%를 이 시스템을 통해 공정하고 투명하게 관리해야 합니다.

> 나. 대한민국의 공직자와 공공기관 종사자들의 공무집행 잘못으로 매년 발생하고 있는 국가적 손실(사회적 갈등비용 포함)이 매년 국가예산의 약 20%~60%(약 82조 원에서 약 246조 원)에 이르고 있으며, 이 중 BBAS 51% 인용하는 공무집행 정책시행으로 국가예산 약 20%(82조 원)을 절약할 수 있는 정책을 개발하였습니다. (삼성경제연구소 통계치 인용)

2030 미래선택세대 여러분!

대한민국을 4차산업혁명 선도국가로 도약시키기 위해서는, 세계화하고 있는 지식경제의 깊이를 더하고 널리 확산시켜서, 끊임없는 혁신이 이루어지게 해야 합니다.

2030미래선택 세상은 상상력과 협업이 필수적인, 지식일꾼이 필요하기 때문에 대한민국의 경제 정책과 모든 공무집행, 공기업의 업무진행을 Bigdata AI 51% 인용하는 공무집행이 "꼭"

필요하겠습니다.   〈장경덕 매경 논설실장〉

2030 미래선택세대 여러분!

블록체인기술에 선도적인 역할을 하고 있는 영국의 경우, 과학부를 중심으로 국가정책에 블록체인을 도입하고 있습니다. 그 도입의 첫 번째 이유(목적)로 예산집행의 허위나 오류를 줄이는 것을 포함하여 효율성을 높일 수 있음을 꼽고 있습니다.

스웨덴 역시 데이터를 활용한 투명한 〈행정 Openaid시스템〉을 론칭하여 부패를 줄이고 행정비용을 줄이는 등의 성과를 거두었다고 알려져 있습니다.

2030 미래선택세대 여러분!

앞으로 〈BBAS 51%〉 도입으로 인공지능이 인간을 대신해서 판단을 내리는 경우가 증가하면 공무원의 주관적 의사결정을 전제로 한 정책결정방식에 근본적인 변화가 필요하게 됩니다.

이미 미국, 영국 등에서는 범죄자의 가석방 여부를 인공지능의 알고리즘에 의존하여 결정하는 것이 대표적인 사례라고 할 수 있습니다.

이렇게 되면 정부만이 해결할 수 있던 시장 실패를 민간에서도 해결 가능한 시대가 도래하게 됩니다. 금융정책과 교통정책

등에 얼마나 비리와 부패가 많았습니까!

블록체인의 등장은 정부의 개입 없이도 금융거래와 같은 중요한 정보의 신뢰를 유지할 수 있는 길을 열었고, 무인자동차는 자율주행으로 자동차 스스로 교통량을 분산하여 교통체증 해결이 가능합니다.

유럽 의회의 법사위원회는 2017년 초 인공지능의 전자적 인격을 인정할 필요가 있다는 내용이 담긴 보고서를 통과시켰습니다. 이제는 일개 개인과 집단의 잘못된 판단과 그로 인한 사회적 손실을 〈BBAS 51%〉로 바로 잡아야 합니다.

'증강화된 자아성찰(Augmented Introspection/AI)'로 인공지능(AI)이 인간의 '자아성찰'을 돕게 될 것이라고 주장하고 있습니다.

유료 콘텐츠 시장을 개척하고 있는 ㈜퍼블리 박소령 대표는 데이터기반 콘텐츠를 활발한 생산 활동 연령인 2030미래선택세대들이 기꺼이 돈을 내며 구독하고 있다고 합니다.

"이제 AI과 data는 4차산업혁명 선도국가 도약을 위한 대한민국의 보석으로 자리매김해가고 있습니다."

다. BBAS 51% 인용 공무집행 시행으로 매년 절약되는 약 82조 원의
재정으로 "인구절벽해소정책"과 "청년실업자해소정책"과 "고령자
행복정책"을 시행할 수 있게 하겠습니다.

정부는 5년에 한번 저출산, 고령사회에 대비한 기본계획을
발표합니다. 현재는 3차 기본계획(2016-2020)에 해당하는 시기
입니다. 정부가 이 기간 동안 저출산과 고령화에 대응하기 위해
지출하기로 한 예산은 무려 197조 5,000억 원에 이릅니다.

2019년 대한민국 정부 예산 중 일자리 창출예산은 전년 대비
22% 증가한 23.5조 원입니다. 사회서비스일자리 9.4만 명을
만들고, 청년채용인센티브 확대, 신중년일자리지원, 취업취약
계층일자리지원, 직원훈련강화, 노인일자리 61만 개 등이 계획
되어 있습니다. 결국은 모든 것이 재원의 문제인 것입니다.

그런데 국민의 피 같은 세금으로 운영되는 정부에 부패와 비
효율이 있다면 이런 예산책정 등은 공염불이 되고 맙니다.

2030미래선택연구소에서는 〈BBAS 51%〉로 매년 예산을 절
약하여, 인구절벽, 청년실업, 노인문제를 해결하겠습니다.

라. BBAS 51% 인용하는 대한민국의 모든 기업의 사업진행을 "국가에
서 BBAS 설치비를 선지원하게 하여서" 대한민국 기업경쟁력을 향
상시킬 것입니다.

2030미래선택세대 여러분!

기업은 이윤을 추구하고 사업을 영위하기 위해 어느 조직보다도 효율적이어야 합니다. 하물며 대한민국을 먹여 살리는 기업이 무한경쟁 속에서 살아남으려면 새로운 변화에 빠르고 능동적으로 대처해야 합니다.

4차산업혁명 시대라지만 작은 기업들이 스스로 그에 대비한 투자를 하기란 실질적으로 어려운 일입니다. 미래기술인 블록체인만 보더라도 우리 기업들의 성장 동력으로 삼기 위한 국가의 중장기 발전전략이 필요한 시점에 와 있습니다.

블록체인 기술은 오픈소스 기반으로 비교적 초기 접근이 쉬운 듯 보이나 주요 핵심기술은 자체 개발이 필요한 실정이라 국가별로 역량을 집중하고 경쟁하고 있습니다.

〈BBAS 51%〉는 정부가 선도하는 모범 시스템입니다. 대한민국정부가 전세계에서 가장 경쟁력 있는 정부가 되면, 대한민국 기업은 세계시장을 선점하는 글로벌기업이 되는 것입니다.

마. 피터 디아만디스가 설립한 "싱귤래리티대학"을 벤치마킹하는 국가 시스템개발인 "BBAS 51% 인용" 정책개발을 하였습니다.

2030 미래선택세대 여러분!

교육은 백년대계라고 합니다. 우리나라의 입시환경과 10대 학생들의 장래희망은 대한민국의 청사진일 것입니다. 공무원만 능사회로 쇠락의 길을 걷고 있는 그리스의 전철을 밟아서는 안 될 것입니다.

싱귤래리티대학은 10년 안에 10억 명의 사람에게 영향을 끼칠 수 있는 혁신창업가를 육성한다는 목표로 설립된 실리콘밸리 민간창업 대학입니다.

우리는 한강의 기적을 이뤄낸 민족입니다. 무에서 유를 만들어냈습니다. 과거 개인들의 피와 땀이 필요했다면, 이제는 시대에 부응하는 정치와 정책이 필요합니다. 2030미래선택연구소에서 혁명을 일구어내는 데 일조하겠습니다.

바. 대한민국의 **4차산업혁명 선도국가 도약**은 플랫폼 정책 시행으로 창의력을 확대시키며, 공정한 진행(진행의 공정성)을 위해서, "**BBAS 51% 인용하는 변경되는 공무집행시스템**(Private Block Chain Network system)" 정책 시행으로 가능하겠습니다.

사. 대한민국의 공기업인 KT에서는 "5대 플랫폼(금융, 재난, 안전, 보안, 기업(공공))"에서, 세계최초의 상용블록체인 네트워크 인프라 구축으로 사업 패러다임을 변화시키고 있습니다.

이에 2030미래선택연구소에서는 국제표준(5G)을 위해서 퀄컴과 M.O.U 하고 있는 KT와 M.O.U 하여서, 대한민국의 공공부분(공공기관 및 공기업)을 〈변경되는 공무집행 시스템(Private Block Chain Network system)〉으로 개혁시키는 정책개발을 하겠습니다.

아. 2030미래선택연구소에서는, 현재 블록체인 선도도시개발을 하기 위해서 14개 선도사업을 진행하고 있는 '대한민국 서울시'와 대한민국 최초로 블록체인으로 '평가업무(청렴도 등)' 공무집행을 하고 있는 '서울시 영등포구청' 및 '대한민국 식약처'와도 〈변경되는 공무집행시스템〉 정책 완성을 위한 M.O.U 하겠습니다.

자. 2030미래선택연구소에서는, 국내에서 처음 개강하는 AI대학원 (KAIST, 고려대, 성균관대)과 M.O.U를 하고 인텔의 한국대학 및 스타트업과 연계하는 AI인재육성프로그램과도 M.O.U 하는 정책을 개발하겠습니다.

2. "변경되는 공무집행시스템Private Block Chain Network system 정책으로 예상되는 내용"

가. 대한민국을 4차산업혁명 선도국가로 도약시킬 수 있게 하는 AI, BI, BD, 5G, SW 등 핵심 전문가 200만 명(공공기관 100만 명, 청년 및 장년 100만 명)을 육성하게 됨으로써, 대한민국의 공무원 수와 공기업 직원 수를 33% 감축할 수 있게 하는 효과를 봅니다. 또 공공기관

및 **공기업의 적폐(부정부패, 복지부동)를 일소할 수 있게 함으로써, 대한민국의 '정(情)'을 말살시켜가고 있는 〈김영란법〉을 폐지할 수 있도록 하겠습니다.**

나. 대한민국이 "변경되는 공무집행시스템"을 공공기관 및 공기업에서 시행하게 되면, 각종 문서수발 및 공무집행 시에 **'토큰(가상화폐)' 대신 대한민국 화폐를 사용하고**, 변경되는 공무집행시스템 구축비용 및 사용료(분산장부기술사용료)는 국가재정으로 지불하게 함으로써, 변경되는 공무집행시스템으로 인해 발생되는 수수료 수입과 비용지출간의 균형문제를 해결하게 하겠습니다.

   이를 위하여서 공직자 및 공기업 종사자들이 〈변경되는 공무집행시스템 51% 인용〉 프로그램에 강제(자동) 입력 시에만 공무집행을 할 수 있게 되면 이로 인하여 '적폐해소요인' 자체를 원천적으로 없애고, '공직자 수 33% 감축요인'이 발생하여 매년 절약되는 국가재정(연 82조원 추정)으로, 중산층 복원 및 근로자완전행복권 보장정책 비용 '대한민국 인구절벽해소정책 비용', '대한민국 청년일자리 창출정책 비용', '고령자 손주돌봄 일자리창출정책 비용' 등에 사용되게 하여 공익목적에 부합하는 정책이 될 것입니다.

   실제적으로도, 대한민국헌법재판소에서는 "미래정보화전략준비위원회"라는 테스크포스(TF)를 꾸리고, 탄핵과 헌법소원을 AI헌법연구관에게 판결을 맡기는 "지능형헌법재판을 위한 정보화 계획"을 수립하고 있습니다.

다. 대한민국의 인구절벽해소를 위해서는, 적폐와 복지부동할 수밖에 없는 현재의 공무집행시스템 변경이 반드시 필요합니다.

공무집행자의 의사가 49%만 반영되고, 51%는 변경되는 공무집행시스템(BBAS 51% 인용 정책) 결정에 따르는 정책 시행이 당당하게 필요하겠습니다.

더구나 소득 1분위(하위 20%)군에 있는 (청년)2030미래선택세대들의 출산정책으로 2030미래선택연구소에서 정책 개발한 '스마트형 15년 무상 임대주택 거주보장정책'과 '스마트형 손주돌봄을 위한 부모들의 생활복지형 실버주택 무상 거주보장정책' 그리고 '스마트형 1인 창업투자빌딩 10년 무상 입주보장정책'이 정말 필요하겠습니다.

또한, 〈변경되는 공무집행시스템(BBAS 51%인용정책)〉 정책 개발에 따른 대한민국 인구절벽 해소, 고령자 행복권 보장, 소득 1분위(하위 20%)에 속해 있는 청년 일자리 창출 정책이 필요하겠습니다. 〈김철기 신한은행 빅데이터 센터 본부장〉

대한민국의 2030미래선택세대들은,

'국가 재원(세제 잉여금 등)이 생기면, 나라 빚을 갚아야만 국가의 위기관리능력이 생길 것이고, 청년들의 실업비용지출은 그 편익이나 효과가 엄청 크다는 것이 입증 가능할 때만 사용해야 한다.'는 생각으로 통일되어 있는 '진행의 공정성'과 '결과의 합리성'을 중요시하고 있는, 너무나도 소중한 대한민국의 보석들입니다!

대한민국의 2030미래선택세대들은,

세계 최정상의 I.C.T기술을 보유하고 있으며, 세계 최고의 인터넷 사용기술과 보급망(5G 등)을 소유하고 있기 때문에, 기성세대들의 양보만 있다면 대한민국을 4차산업혁명 선도국가로 도약시킬 수 있는, 공정성과 합리성으로 충분하게 준비되어 있습니다.

대한민국의 모든 기성세대들은,

자랑스러운 2030미래선택세대들에게, '우리나라 인구절벽 해소정책'에 동참할 기회를 주어야 합니다. 또 '손주돌봄 부모들'과 함께 소중한 가족관을 창출할 수 있도록 충분한 기회를 주어야 하겠으며, '1인 창업 기회'를 충분하게 제공받을 수 있게 해줄 분명한 책임이 있습니다.

　대한민국의 2030미래선택세대들에게는,

　기성세대들의 전폭적인 도움 속에서, '이미 도래하고 있는 4차산업혁명시대에서', '4차산업혁명시대의 주역으로서', 2030년까지 우리나라를 선도국가로 도약시킬 책임이 있습니다.

　이에 2030미래선택연구소에서는 2030미래선택세대들을 위하여서 436개의 각 지방자치단체에 '스마트형 초등학교'와 '병설유치원'을 건설해 주는 사업진행을 할 것이며, 인구절벽 해소 정책인 '스마트형 임대주택'을 건설하는 사업도 진행을 하겠습니다.

　또한 스마트형 임대주택에서 자라게 될 신생아들에 대한 '손주돌봄 고령자 일자리 창출'을 위한, '스마트형 노인복지 실버주택'을 건설하는 사업을 진행할 것입니다.

　그리고 충분하게 1인 창업 기회를 보장해 주기 위한 방안으로, '스마트형 창업투자 빌딩'을 건설하는 2030미래선택연구소의 패키지화된 국가정책개발 구상은 다음과 같습니다.

　2030미래선택세대들은 4차산업혁명시대인 미래의 세상은 상상 이상으로 발전할 것이라는 믿음으로 부자가 되려는 목표보다는 어떻게 하면 대한민국을 변화시킬 것인가 하는 '창업목적'을 가져야 하겠습니다.

2030미래선택연구소

2030futurechoice@2030futurechoice.com
www.2030futurechoice.com

서울 서초구 반포대로30길 82, 6층(서초동, 우서빌딩)
대표전화: (02)595-2030,   팩스: (02)595-2037
2030: (02)595-2030~7   1020: (02)3481-1020~1
4050: (02)3481-4050~1   6070: (02)595-6070~1

감추고 싶은 그대(은행나무)

간…, 겨울
삭막함으로 단장 하고 있는 당신은 누구?
곧 죽어 버릴 것 같았고,
절대로 아프지도 않아 보였던 불균형한
당신의 육체!

얼키고 설키기만 한 실타래인양,
당신은 2030 미래선택 세대였습니다.

어찌, 겨우 두 달 안에
그리고 감추어 버릴 수가 있는가!

은행나무,
색깔로 향내음을 내려고 두근거리고,
"아름다움"

다시금 "소년" "소녀"를
세상으로 보내오고 있습니다.

또다시 냄새진동 시키는
삭막한 당신은,
우리를 힘겹게만 합니다.

그런데도 우리 둘은
도전하고, 전진만하고 있습니다.
또 다른 흥분을 찾기 위함으로···.

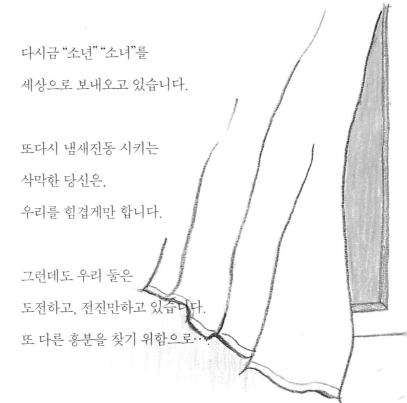

2018. 8. 15

2030 미래선택세대들

2030미래선택연구소의 "인구절벽해소정책"과 "고령자일자리정책" 그리고, "청년일자리정책"(저작권 등록 후 시행)

2030미래선택연구소에서는
"대한민국 436개 지방자치단체"
① 17개의 광역자치단체 각 2곳 = 34개
② 75개 자치시 각 2곳 = 150개
③ 82개 자치군 각 1곳 = 82개
④ 69개 광역시자치구 각 2곳 = 138개
⑤ 32개 일반구 각 1곳 = 32개
에 속해 있는 6040개 초등학교 중에서,

정책개발 세부내용

1. 첫 번째 정책안:

'각각의 역세권에 가깝고', '건축년수가 오래되었으며, 폐교(염강초

<u>등학교, 공진중학교</u>) <u>예상 중이거나, 넓은 학교부지가 있는 초등학교</u>
<u>436개를 선정하여,</u>

<u>교육부의 '통합학교'정책과 M.O.U를 하고,</u> (9층 이하) <u>'스마트형 초</u>
<u>등학교'</u>(병설유치원 포함)<u>를 건축하여서 4차산업혁명을 위한 맞춤형</u>
<u>기초인재 양성을 할 수 있게 하며, 적정 규격의 운동장 부지를 제</u>
<u>외한 나머지 학교 부지를 제공받아서,</u>

가. '(15층 이하)<u>인구절벽해소 목적의 스마트형 무상 임대주택 300세</u>
<u>대</u>(13.5평형 150세대, 17.5평형 100세대, 25.88평형 50세대)'를
건설함으로써, '<u>218,000명의 출생인구(각 500명 출생인구*436개</u>
<u>자치단체)를 새로 탄생</u>'시킴으로써, 대한민국의 인구절벽 해소에
그 역할을 하겠습니다.
　※ 예상건축연적: 187,480평(1곳 4,300평), 예상건축비: 9조
　　3,740억 원(1곳 215억 원)
　※ 사업부지는 교육부로부터 초등학교 잔여부지 제공받음)

나. '(9층 이하)스마트형 무상 노인복지 실버주택(요양원 기준의 생활복
지주택[1])' 100세대를 건설함으로써, 43,600명의 '<u>고령자들의 손주돌</u>
<u>봄 일자리 창출</u>'(각 100명 실버주택 입주자×436개 자치단체)을 함
으로써, 대한민국의 고령자 일자리 해소에 그 역할을 하겠습니다.
　※ 예상건축연적: 51,320평(1곳 1,200평), 예상건축비: 2,566

---

1. 여주군 여주읍 상리 358-3번지 일원에 중, 저소득층 고령자의 주거 편의를 향상시킨 노인복지형
시니어타운(국민임대) 건설이 추진되고 있으며, 노인복지형 실버주택에는, 보건전문의를 상주케 하
고, 운동시설 겸비함으로써, 인구절벽해소를 위한 돌봄 노인들의 주거향상에 그 목적이 있다.

억 원(1곳 61억 원)

※ 사업부지는 교육부에서 초등학교 잔여부지 제공받음

다. **'(15층 이하)스마트형 무상 창업투자빌딩(300인의 청년에게 1인 창업공간제공)'**을 건설함으로써, **'261,600명**((각 300명의 창업입주자+각 300명의 창업보조자)*436개 지방자치단체)의 청년창업자들을 배출하게 됨으로써' 대한민국의 청년일자리 창출에 그 역할을 하겠습니다.

※ 예상건축연면적: 196,200평(1곳 4,500평), 예상건축비: 9조 8,300억 원(1곳 225억 원)

※ 사업부지는 교육부로부터 초등학교 잔여부지 제공

라. 위 첫 번째 정책개발안은 대한민국 초등학교 환경 개선 및 인구절벽 해소와 고령자의 손자돌봄 일자리 창출과 주거문제 해소를 통해 고령자분들의 행복지수를 향상시키고 청년들의 도전정신을 회복시키기 위함으로, 삼성AI플랫폼(Bixby)을 '스마트형 임대주택', '스마트형 노인복지형 실버주택', '스마트형 창업투자빌딩'에 탑재하여서 이미 도래하고 있는 4차산업혁명을 선도적으로 경험하게 할 것입니다.

마. 위 **'첫 번째 정책개발안'**은 정부의 '초·중학교 환경개선 정책자금', '인구절벽해소정책자금' 및 '4차산업혁명기초인재양성을 위한 정책자금', '고령자일자리창출 정책자금', '청년일자리 정책자금', 그리고 정부 각 부처의 '정책관련 각종 자금' 등을 사용하여서 각각의 정책을 진행하고 완성시킵니다.

※ 각 지방자치단체 '1곳의 건축 예상 연면적 10,000평'과 '1곳의 예상건축비: 501억 원'이 예상됩니다.

2. 두 번째 정책안:

436개의 각 지방자치단체와 M.O.U를 하여서, 지방자치단체로부터 역세권에 근접한 각 지방자치단체 소유의 공공용지를 제공받아서,

가. (15층 이하) '인구절벽해소 목적의 스마트형 무상 임대주택 300세대(13.5평형 150세대, 17.5평형 100세대, 25.88평형 50세대)'를 건설함으로써, '218,000명의 출생인구(각 500명의 출생인구×436개 자치단체)'를 새로이 탄생시켜, 대한민국의 인구절벽해소에 그 역할을 하겠습니다.
※ 예상건축연면적: 436개지자체 187,480평(1곳 4,300평), 예상 건축비: 436지자체 9조 3,740억 원(1곳 205억 원), 사업부지는 지방자치단체에서 제공받음

나. '(9층 이하)스마트형 무상 노인복지실버주택(요양원 기준의 생활복지주택)' 100세대를 건설함으로써 43,600명의 고령자들의 손자돌봄 일자리창출(각 100명의 실버주택입주자*436자치단체)하여서 대한민국의 고령자 일자리 창출에 그 역할을 하겠습니다.
※ 예상건축연면적: 51,320평(1곳 1,200평), 예상건축비: 2,566억 (1곳 60억 원)
※ 사업부지는 지방자치단체에서 제공 받음

다. (15층 이하) '스마트형 무상 창업투자빌딩(300인의 청년 1인창업 공간 제공)'을 건설함으로써, 261,600명((각 300명의 창업입주자 +각 300명의 창업보조자)*436개 자치단체))의 새로운 창업자들을 배출하게 됨으로써 대한민국의 청년 일자리 창출에 그 역할을 하겠습니다.

※ 예상건축연면적: 196,200평(1곳 4,500평), 예상건축비: 9조 8,300억 원(1곳 225억 원)

※ 사업부지는 지방자치단체에서 제공 받음

라. 위 두 번째 정책개발안 또한 첫 번째 정책개발안과 동일하게, 이미 도래하고 있는 4차산업혁명을 선도하여서 경험하게 할 것입니다.

마. 위 두 번째 정책개발안은 각 지방자치단체와 M.O.U를 하고, 위 사업부지를 제공받으며, 건축비는 위 첫 번째 정책개발안의 국가 및 지방자치단체의 정책과 관련된 정부의 모든 정책자금을 지원받아서 완성시키겠습니다.

3. 사업진행방법과 유, 무형의 예상수입

가. '스마트형 인구절벽해소를 위한 임대주택사업' 시행방법

1) 각각의 교육청(정책1안)과 지방자치단체(정책2안)와 M.O.U를

체결하겠습니다.

2) 중앙정부의 인구절벽해소정책 시행 부서와 2030미래선택
연구소주식회사가 M.O.U를 하겠습니다.

3) 스마트형 창업투자빌딩에 입주하고 있는 1인 청년창업가
와 창업보조자 1인이 결혼을 하고 새로 생명을 탄생시켰을
경우,
가) 한 자녀 출산 1인 창업자 및 1인 창업보조자 1인 가족에게
는 위 스마트형 임대주택(13.5평형) 1세대를 15년간 무상 임
대하겠습니다.
나) 두 자녀 출산 1인 창업자 및 1인 창업보조자 1인 가족에게
는 위 스마트형 임대주택(17.5평형) 1세대를 15년간 무상 임
대하겠습니다.(다만, 기존 무상임대를 제공받고 있는 13.5평형 임대주
택은 반납한다.)
다) 세 자녀 출산 1인 창업자 및 1인 창업보조자 1인 가족에게
는 위 스마트형 임대주택(25.88평형) 1세대를 15년간 무상 임
대하겠습니다.(다만 기존 무상임대 방법으로 제공받은 17.5평형 임대
주택은 반납한다.)

4) 스마트형 창업투자빌딩에 입주하고 있는 1인 창업가와 1
인 창업보조자 1인이 결혼을 하게 될 경우, 각 지자체와
2030미래선택연구소에서 공동으로 결혼식 비용 각 1,000
만 원씩을 무상 지원하겠습니다. 스마트형 임대주택에 입
주한 스마트형 창업투자빌딩 1인 창업가와 1인 창업보조
자 1인이 출산하여서 '스마트형 인구절벽해소 목적의 임대
주택'에 입주하였을 경우,

* 새로 출생하는 한 자녀에게는 관련 정부부처 정책자금으로 손
주돌봄비용을 15년간 월 50만 원씩 손주돌봄고령자 1인에게
지급합니다.

* 또 새로 출생하는 두 번째 자녀에게는 15년간 손주돌봄 비용
으로 월 80만 원씩 손주돌봄고령자 1인에게 지급하고,

* 세 번째 자녀를 출산할 경우 손주돌봄 고령자 2인에게 15년
간 손주돌봄비용으로 각 월 50만 원씩을 지급하겠습니다.

5) 스마트형 인구절벽해소 목적의 임대주택사업은 무상임대
이기 때문에, 2030미래선택연구소의 직접적인 수입은 없
으며, 매년 지출되는 각종 제세공과금과 건축물 관리비 등
은 정부와 각 지방자치단체의 인구절벽해소 정책자금 및
신혼부부주거 정책자금으로 지원받게 하겠습니다.

6) 강한 정책효과로 저출산 대책에 성공하는 정책을 개발하
겠습니다. 〈이지평 LG경제연구원 상근자문위원〉

7) 건축물의 소유는 2030미래선택연구소와 각 지자체 공동
명의로 등기한다.

나. '스마트형 무상 노인복지 실버주택(요양원 기준의 생활복지주택)'
사업시행방법

1) 각각의 교육청(정책개발1안)과 지방자치단체(정책개발2안)와
2030미래선택연구소에서 "사업부지해결"을 위한 M.O.U
를 체결하겠습니다.

2) 정부의 고령자일자리지원 정책자금과 요양병원사업지원
정책자금 등 관련부서와 2030미래선택연구소에서는, 각
각 위 패키지 사업을 위한 건축비 해결 M.O.U를 체결하겠
습니다.

3) 위 무상 노인복지실버주택에 입주하기 위해서는, 위 '스마

트형 인구절벽해소 임대주택'에 거주하는 1인 청년창업가 및 1인 청년창업가 보조 1인 가족이 신생아를 출생하였을 경우에만, 손주돌봄일자리 취업 방법으로 입주합니다.

4) 위 무상 노인복지실버주택에 입주하기 위해서는, 스마트 임대주택에 입주해 있는 자손들과 손주돌봄계약이 선행되어야 합니다.

※ 손주돌봄 부모가 없는 경우에는 '데이케어' 방법으로 위 스마트 임대주택에 입주하게 되는 고령자들이 위 자손들과 손주돌봄 계약을 하고 국가정책자금을 지원 받게 합니다.

5) 스마트형 무상 노인복지 실버주택은, 손주돌봄 계약기간 동안 무상임대하기 때문에, 직접적인 수입은 없고, 매년 지출되는 각종 제세공과금과 건축물 관리 등은 정부와 지방자치단체의 고령자 일자리 창출 정책자금 및 고령자 요양원 사용 지원정책자금 등으로 지원 받게 하겠습니다.

6) 고령자 일자리 정책은 복지정책이 아닌 산업으로 패러다임 전환을 시키는 정책을 개발하겠습니다.

〈도쿄대학의 장수마을만들기〉

다. '스마트 무상 창업투자빌딩' 사업시행방법

1) 2030미래선택연구소에서는 각각의 교육청(정책개발1안)과 지
방자치단체(정책개발2안)와 M.O.U를 체결하겠습니다.

2) 중앙정부의 일자리정책부서와 M.O.U를 체결한다.

3) 위 창업투자빌딩에 입주하기 위해서는 ①나이는 21세부터
39세까지로 제한하며, ②미혼자에 한정한다. 또 ③'결혼계
획과 출산계획을 서약하며', ④'결혼시'와 '출산시'에 '2030
미래선택연구소 정책을 따르겠다는 서약'을 한 후에 '스마
트창업빌딩 1인 창업공간(실 평형 기준 약 15평)'을 10년간 무상
제공받는다.

   ※ 단, 무상 제공받는 조건으로 1인 창업회사의 초기 지분 20%
   의 권리를 2030미래선택연구소 주식회사에 양도한다.

   (이것만이, 위 패키지 사업에서 2030미래선택연구소에서 취할 수 있는 가
   변성이 큰 수입입니다)

4) 2030미래선택연구소에서는 1인 창업청년에게 KT와

KAIST에서 개발하는 'BBAS²'를 제공하여서 창업 성공을 돕겠습니다.

5) 2030미래선택연구소에서는 1인 창업청년에게 각 지자체와 인접하는 대학교와 M.O.U를 체결하게 하여서, 정부로부터 지원받는 R&D 자금을 R&D자금주관자(대학원생 및 석· 박사 수료자)와 공동으로 사용하게 하여서 1인 창업기업의 창업 성공을 돕게 하겠습니다.

6) '지역대학(한국 농수산 대학 포함), 지역과학기술원, 전국(농협. 수산업. 임업) 4H협회, 신용보증기금, 종교방송 및 종교신문사 (한국7대 민족 종교 협의회 소속에 한정함)' 등과도 각각의 M.O.U를 체결하여서, 1인 창업기업의 창업성공을 돕게 하겠습니다.

7) 스마트형 노인복지 실버주택(436곳)을 건설하여서 43,600명에게 손주돌봄일자리창출을 하게 됨으로써, 대한민국의 노인 빈곤율(2017년 기준 46.5%)을 2030년까지 31%로 낮추는 데 기여하겠습니다.

---

2. BBAS: (Based on Big data, Designed by private Block chain, National policy AI decision making System) "51% 인용정책"

8) 오택그룹과 M.O.U하여서 '인텔리젼트솔루션 빌딩'화 할
수 있게 하며, 창업투자 빌딩에 설치 예정인 BBAS 네트
워크 시스템과 함께 새로운 창업투자 빌딩 건설 패러다임
을 구축하겠습니다. 또 한전과 지멘스와도 M.O.U 하는
정책을 개발하고(KEPCO형 스마트빌딩실증사업은 울산과학기술원과 충
남테크노파크에서 시범실시 예정임), '트라움하우스'(럭셔리 임대주택.
미세먼지제로 임대주택)에서 시행하고 있는 평택임대주택과도
M.O.U 하는 정책개발을 하겠습니다.

9) 정부의 '스마트산단 프로젝트'와 정책 연대함으로써 1인
창업투자 빌딩을 산단 유휴 공간으로 이용, 폐쇄적 산단
부지를 활용하는 세 번째 정책도 개발을 하겠습니다.(미래형
산단 개념: 규제혁신. 신산업테스트. ICT인프라) 그리고 '정부의 청년
현금살포정책'과도 M.O.U 하는 정책 개발을 하겠습니다.

10) 청년 창업은 98%가 실패한다는 통계가 있습니다. 2030
미래선택세대(청년)들은, "뻔한 삶보다는 실패해도 좋으니
창업을 하고 싶다"는, "창업이 취업보다 백배 짜릿하다."
는 도전정신을 갖게 할 수 있는 정책 시행을 필요하고 있
습니다.

2030미래선택 연구소에서는, 스마트형 임대주택건설과 스마트형 실버주택(생활복지형) 건설 및 스마트형 1인 창업 투자빌딩건설 정책을 개발하였습니다.

2030미래선택연구소에서는 대한민국의 1인창업가들에게 창업공간을 무상으로 제공하여주고, 창업가의 가족관계를 복원시켜주면서, 부모님 행복권을 함께 보장함으로써, 4차 산업혁명시대에 부합하는 신개념과 구개념이 조화를 이루는 인구절벽해소정책과 청년일자리, 부모님 일자리 정책을 개발하게 되었습니다.

그리고 이런 정책을 통해 청년 창업이 그냥 '돈 먹는 하마'라는 2030미래선택세대들에 대한 비판적인 사고와 그냥 돈을 나누어 주는 무상복지개념을 타파할 수 있습니다. 오히려 국가지원을 받아서 시작한 청년 창업이 실패한다고 하여도, 청년들의 실패에서 오는 국가 경쟁력 향상과 실패에서 오는 재도전 성공 욕망으로 인한 국가 경쟁력 향상 효과가 분명합니다. 따라서 청년 창업을 위한 무상복지 예산지출이 가져올 국가 경쟁력 제고 효과는 분명합니다.

또 설사, 무상창업지원금으로 청년 창업이 실패하여도 지원된 창업자금은 국가재정순환비용으로 사용되었기 때문에 실패한 정책이 아닙니다. 이는 실업급여 지출(년3조 상회함) 방법의 국가 재정 지출보다는 더욱더 국가 경쟁력 향상에 이익이 될 것입니다.

※ 아울러 일자리 안정자금(년 35조 원)과 M.O.U 하는 스마트 1 인창업투자빌딩건설정책을 완성시키겠습니다.

11) 청년창업 〈이종훈 투자본부장〉

롯데 엘캠프(액셀러레이터)+링크플로우(청년기업): 웨어러블 360도 카메라
CJ 프로턱트101 챌린지+딥센트랩스(청년기업): 스마트 향기상자
GS 홈쇼핑 소셜임팩트+그로잉맘(청년기업): 비즈니스 모델 재정립
LG CNS: 중학생 2,500명에게 빅데이터 등 코딩교육 실시(Coding Genius)

12) 日도야마현의 "콤팩트시티"정책을 인구절벽해소정책과 접목하는 교육부와 지자체와의 M.O.U 하는 정책을 개발 하겠습니다. 〈김승배 피데스 개발 대표〉

까치가 "깍깍깍", 까-깍 목청을 높인다

어둡고 컴컴한 밤,

창조의 샘을 스쳐가는 23바퀴의 경보는 계속됩니다.

빗님 때문에 3일만에 만나는 그리운 바퀴(트랙)

한결 가벼운 발걸음입니다.

계속 이어지는, 묵주기도 44단의 순간, 그순간들!

한바퀴는 2단,

넘을때도 있고, 못 미칠때도 있습니다.

그래서 이 시간만을, 그분을 뵈올 수 있는 시간,

지혜의 샘물을 마시는 시간입니다.

낙엽이 널부러져 있습니다.

스윙 −

바람소리에 널부러진 낙엽도 울부짖는다.

내게만 왜!

어둠속이 소중한지는,

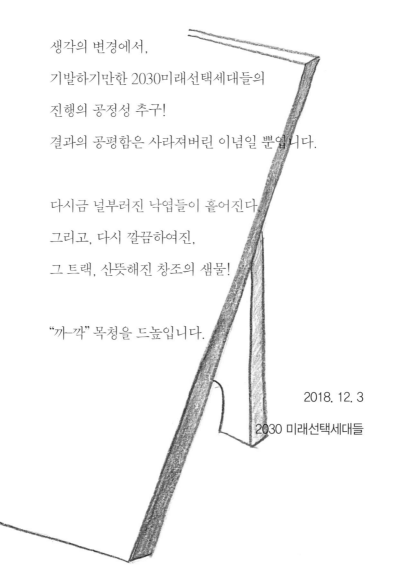

생각의 변경에서,

기발하기만한 2030미래선택세대들의

진행의 공정성 추구!

결과의 공평함은 사라져버린 이념일 뿐입니다.

다시금 널부러진 낙엽들이 흩어진다.

그리고, 다시 깔끔하여진,

그 트랙, 산뜻해진 창조의 샘물!

"까-깍" 목청을 드높입니다.

2018. 12. 3

2030 미래선택세대들

2030미래선택연구소

2030futurechoice@2030futurechoice.com
www.2030futurechoice.com

서울 서초구 반포대로30길 82, 6층(서초동, 우서빌딩)
대표전화: (02)595-2030,   팩스: (02)595-2037
2030: (02)595-2030~7   1020: (02)3481-1020~1
4050: (02)3481-4050~1   6070: (02)595-6070~1

2030미래선택 여러분!

대한민국의 가치관을 한국 고유의 것에서, 세계적, 보편적인 것으로 패러다임의 전환을 할 수 있어야 하겠습니다.

특목고를 부활시켜서,

'SMILE' 프로젝트를 도입시켜 창의적인 교육을 실시하여야 하겠습니다. 미국이 A1 창업을 고교생부터하고 있는데 대한민국은 4차산업혁명에 역행하는 암기식 교육만 실시하고 있습니다.

2030미래선택 여러분!

대한민국이 4차산업혁명 선도국가로 도약을 위해선, AI, BD, 5G, SW 등 200만 명(공기관 100만 명, 청·장년 100만 명)의 핵심전문가 육성정책이 필요합니다.

이에 2030미래선택연구소에서는

'변경하는 공무집행시스템(Private Block Chain Network System, BD, AI 51% 인용

^{정책)}' 정책과 '인구절벽해소정책', '청년일자리정책', '고령자 일자리정책'과 함께 AI, BI, BD, 5G, SW 등 200만 명의 전문가 육성정책을 개발하였습니다.

2030미래선택 여러분!

2030미래선택연구소에서 정책 개발한, '변경하는 공무집행 시스템[1]'을 시행하면 '2050년 국민연금 고갈을 걱정 안 해도 되고', '공무원 17만 명 증원을 하지 않아도 되며', '부정부패 및 복지부동'을 걱정하지 않아도 될 것입니다.

이제 2030미래선택세대들은,

'진행의 공정성'으로, 열심히 도전하여서 '결과의 합리성'으로 성취하시면 되겠습니다. 그리고 헬조선을 꿈꾸지 않아도 될 것입니다.

2030미래선택 세대들은,

현재 철학이 빈곤상태에 이르렀으며, '왜! 사는지!', '사람답게 사는 게 뭔지!'에 대한 고민도 할 수 없게끔 버림받고 있습니다. 이제는 '어떻게'에만 집착하지 말고, '현실에서도 힘을 내며', '희망'을 포기하면 안 됩니다.

---

1. Private Block Chain Network System, BD,AI 51% 인용정책

희망은 실패하는 데서 끝나는 것이 아니라, 포기하는데서 끝나는 것임을 인정할 수 있어야 하겠습니다.

2030미래선택 세대들은,

스스로 일자리를 만들어서 취업난을 해소하며, 창의력과 도전정신을 회복시켜서, 대한민국을 4차산업혁명 선도국가로 도약시키겠다는 이상과 열정을 창출시켜야 하겠습니다.

2030미래선택 세대들이 꿈을 꿀 수 있는 4차산업혁명시대만이 온 세상을 선도할 수 있기 때문입니다.

2030미래선택 세대들은,

포기하지 못하는 미래지향적인 열정, 가능성, 희망, 끈기, 도전정신으로 가슴 속을 용솟음치게 만들어야 하겠습니다.

적폐가 만연하고, 복지부동으로 가득 차게 만든, 대한민국의 '권위주의적인 공무집행시스템'을 자유롭고, 진행의 공정성으로 가득 찬 4차산업혁명 공무집행시스템(Private Block Chain Network System)으로 변경하는 법률제정을 위한 정족수의 국회의원을 선출할 수 있도록, '한마음의 목소리'를 낼 때가 분명하게 도래하였음을 인정하여야 합니다.

2030미래선택 세대들은,

대한민국의 4차산업혁명 선도국가 도약에 걸림돌이 되고 있는, '이념의 정치', '기득권들의 공동선을 훼손하는 정치', '귀족노조들의 대한민국의 정체성을 혼돈시키는 불법 행태'들을 단호하게 배척하는 데 함께하여야 하며,

'진행의 공정성으로 발생하는 큰 성취에 열광하고', '결과의 합리성'을 인정하고 싶어 합니다.

2030미래선택 세대들은,

커넥티드 시대가 가고 데이터 시대가 오고 있기 때문에, 정부가 개입되는 정의는 경쟁이 실종되어 자유민주주의의 근간인 자본주의를 역행하게 된다고 생각하고 있습니다. 정부의 사람 중심 경제 정책이 '인간본성에 대한 깊은 성찰' 단계를 거치지 않고 있기 때문에 성공할 수 없는 정책도 알고 있습니다.

2030미래선택 세대들에게는,

'어벤져스'는 없습니다.

대한민국의 '어떤 정치가도', '어떤 철학자도', '어떤 과학자도', '어떤 이념가도', '수많은 기득권자들도', '소수가 지배하는 대한민국의 귀족노조들마저도', 어느 누구도 2030미래선택세대들에게 진행의 공정성을 주려 하

지 않고 있습니다.

2030미래선택 세대 여러분!

원자가 모여서 분자가 되고, 수많은 분자가 모여서 사물을 구성하듯이, 사랑의 힘으로, 마음과 마음을 연결하게 하는 'IoT'이념 정립을 위해서, 'EoT(Economy of Things)' 육성정책이 필요한 때가 되었습니다.

2030미래선택세대 여러분들은,

인생의 대부분을 보수적인 은행이나 대기업에서, 적폐가 만연하고 복지부동만 하는 공공기관과 공기업에서 보내지 않아도 되는 새로운 선택을 해야 합니다.

'진행의 공정성'과 '결과의 합리성'이 보장될 수 있는 '변경하는 공무집행시스템(Private Block Chain Network System, Big data AI 51% 인용정책)'이 2020년 국회에서 당당하게 법률개정 될 수 있도록 모두가 함께할 수 있어야 하겠습니다.

대한민국의 미래선택세대 여러분,

대한민국의 미래선택세대들(10–20–30세대)의 힘은, 대한민국 국민의 27.2%(1,400만 명)임을 자랑스러워 할 수 있어야 합니다.

2030□미래선택세대 여러분들은, 함께하여서 개정시키는 "개인정보보호법"을 시행할 수 있게 됨으로써 세계 최고(6조건)의 의료빅데이터 재산을 "육성되는 200만 명의 Bigdata 전문가"에 의해서, 대한민국의 바이오산업을 세계 최고로 우뚝 세울 수 있는 4차산업혁명선도국가 도약의 주역으로 거듭나게 되어야 하겠습니다.

대한민국의 미래선택세대들은,
대한민국의 공동선을 지향하며, 대한민국의 질서를 정말 중요시하고 있습니다.

대한민국의 미래선택세대들이
특정한 질서를 신뢰하는 것은, 그것이 객관성이 있는 특정한 질서이기 때문에 신뢰하는 것이며, 그 특정한 질서가 객관성이 있는 진리이기 때문만이 아니라, 특정한 질서를 믿으면 더욱더 효과적으로 협력할 수 있고, 더 나은 대한민국을 만들 수 있어서입니다.

대한민국은 미래선택세대들의 힘(27.2%, 1,400만 명)만으로도 분명히 4차산업혁명 선도국가의 꿈을 이룰 수 있습니다. '미래선택세대들의 변함없는 도전 정신'은 계속되어야 하겠습니다.

정책3

대한민국을 4차산업혁명 선도국가로 도약시키게 할 수 있는 2030미래선택연구소 정책

정책개발 세부내용

"Big data, AI 5G 등 전문가 육성정책"

1. '대한민국의 공공기관의 4차산업혁명 공무집행정책'

　　1) 대한민국 공무원(128만 명) 중 정년퇴직 해당자를 제외한 대한민국 공무원(100만 명)에 대하여서, 2021년부터 2026년 기간에 BD[1], AI, 5G, SW 등 전문가 교육을 실시하여서, 변경되는 'Private Block Chain Network System(Big data, AI 51% 인용 공무집행)' 공무집행을 할 수 있게 하겠습니다.

---

1. Big data를 일컫는다.

2) 대한민국 공무원(100만 명) Big data, AI, 5G, SW 등 전문
가 교육방법은 아래와 같습니다.

① 2021년 20만 명의 Big data, AI, 5G, SW 등 전문가(기본) 교
육을 실시한다. 그 소요비용은 4.8조 원(1년 과정, 각 교육생 1인 100
만 원 지급, 교육시설 강사료 등 100만 원 소요)이 필요하겠습니다.

② 2022년 40만 명의 Big data, AI, 5G, SW 등 전문가(기본, 숙
련) 교육을 실시한다. 그 소요비용은 9.6조 원(1년 과정, 각 교육
생 1인 100만 원 지급, 교육시설 강사료 등 100만 원 소요)이 필요하겠
습니다.

③ 2023년 40만 명의 Big data, AI, 5G, SW 등 전문가(기본, 숙
련) 교육을 실시한다. 그 소요비용은 9.6조 원(1년 과정, 각 교육
생 1인 100만 원 지급, 교육시설 강사료 등 100만 원 소요)이 필요하겠
습니다.

④ 2024년 40만 명의 Big data, AI, 5G, SW 등 전문가(기본, 숙
련)교육을 실시한다. 그 소요비용은 9.6조 원(1년 과정, 각 교육
생 1인 100만 원 지급, 교육시설 강사료 등 100만 원 소요)이 필요하겠
습니다.

⑤ 2025년 40만 명의 Big data, AI, 5G, SW 등 전문가(기본, 숙
련)교육을 실시한다. 그 소요비용은 9.6조 원(1년 과정, 각 교육
생 1인 100만 원 지급, 교육시설 강사료 등 100만 원 소요)이 필요하겠

습니다.

⑥ 2026년 20만 명의 Big data, AI, 5G, SW 등 전문가(숙련) 교육을 실시한다. 그 소요비용은 4.8조 원(1년 과정, 각 교육생 1인 100만 원 지급, 교육시설강사료 등 1인 100만 원 소요)이 필요하겠습니다.

Grand total: 48조 원(기본, 숙련 교육생 100만 명)

3) 교육장소는 2021년까지 자진폐쇄 대학 5개교 및 강제폐쇄 대학 11개교와 38개 폐쇄 예정 대학을 활용한다.

4) Big data, AI, 5G, SW 등 전문가 교육이수자에게는 기존 공공기관에서 변경되는 국가 공무집행시스템(Private Block Chain Network System, BigData, AI 51% 인용 공무집행)에서 4차산업 혁명시대에 맞는 공무집행을 한다.

5) 대한민국의 공무원(100만 명)이 Big data, AI, 5G, SW 등 전문가 교육을 이수하고, 변경되는 국가공무집행시스템으로 공무집행을 하여서

① 매년 공공기관에 책정되는 국가예산 26%를 절감시키는 효과

를 얻게 하겠습니다.

② 또한 공직자의 적폐(부패, 복지부동)를 일소시키는 효과도 얻게
될 것입니다.

2. '대한민국 청년 및 장년 일자리 창출정책'

1) 대한민국은 실업상태에 있는 청·장년 100만 명에게, 4차
산업혁명을 주도할 수 있도록 Big data, 5G, SW, AI 등
4차산업혁명 '숙련전문가'를 양성하는 교육(1년: 기본교육, 2년
차: 숙련교육)을 시행한다.

① 2021년도 20만 명의 Big data, AI, 5G, SW 등 전문가 교
육을 실시한다. 그 소요비용은 7.2조 원(교육생 1인 매월 200만
원 지급, 교육시설, 강사료 등 100만 원 지급)이 필요하겠습니다.

② 2022년도 40만 명(기본, 숙련)의 Big data, AI, 5G, SW 등
전문가 교육을 실시한다. 그 소요비용은 14.4조 원(교육생 1
인 매월 200만 원 지급, 교육시설, 강사료 등 100만 원 지급)이 필요하
겠습니다.

③ 2023년도 40만 명(기본, 숙련)의 Big data, AI, 5G, SW 등
전문가 교육을 실시한다. 그 소요비용은 14.4조 원(교육생 1
인 매월 200만 원 지급, 교육시설, 강사료 등 100만 원 지급)이 필요하
겠습니다.

④ 2024년도 40만 명(기본, 숙련)의 Big data, AI, 5G, SW 등 전문가 교육을 실시한다. 그 소요비용은 14.4조 원(교육생 1인 매월 200만 원 지급, 교육시설, 강사료 등 100만 원 지급)이 필요하겠습니다.

⑤ 2025년도 40만 명(기본, 숙련)의 Big data, AI, 5G, SW 등 전문가 교육을 실시한다. 그 소요비용은 14.4조 원(교육생 1인 매월 200만 원 지급, 교육시설, 강사료 등 100만 원 지급)이 필요하겠습니다.

⑥ 2026년도 20만 명(숙련)의 Big data, AI, 5G, SW 등 전문가 교육을 실시한다. 그 소요비용은 7.2조 원(교육생 1인 매월 200만 원 지급, 교육시설, 강사료 등 100만 원 지급)이 필요하겠습니다.

Grand total: 72조 원(기본, 숙련 교육생 100만 명)

2) 교육장소는 2021년까지 자진폐쇄대학 5개교, 강제폐쇄대학 11개교 및 38개 폐교예정 대학을 활용합니다.

3) 정책자금은 현정부의 현금살포정책 등과 M.O.U 하여서 해결합니다.

4) Big data, AI 전문가(기본, 숙련) 교육이수자 가운데에서 20
만 명은 공공기관 취업보장(5년간 매년 4만 명)을 하겠습니다.
20만 명은 338개 공기업 취업보장(5년간 매년 4만 명)을 하겠
습니다. 10만 명은 해외취업(신흥국가)을 보장(5년간 매년 2만 명)
하겠습니다. 50만 명은 1인 창업을 위한 정부의 패키지사
업에 합류를 보장하겠습니다.

(스마트창업빌딩 10년간 무상입주보장, 1인 창업 후에 신생아 탄생 조건부 스
마트임대주택 15년간 무상임대보장, 1인 창업 후에 신생아 탄생조건부 부모님
에게 생활복지주택 15년간 무상입주보장)

5) 대한민국의 청년 및 장년들의 Big data, AI, 5G, SW 등
전문가교육으로 인한 효과
① 대한민국은 청년 및 장년들의 Big data, AI, 5G, SW 등 전
문가 교육으로 인하여 청년일자리를 50만 개 창출하게 되어
서 매년 10만 명의 청년 실업을 해소시키며, 50만 명의 신
생아를 탄생시킴으로써 매년 10만 명의 인구절벽 해소효과
를 얻게 되고, 50만 명의 고령자들에게 매년 10만 명의 손주
돌봄 일자리 창출 및 주거해결에 기여하게 되어서, 가족관계
회복 효과를 얻게 될 것입니다.

② 대한민국의 청년 및 장년들의 Big data, AI, 5G, SW 등 전문가 교육으로 인하여서, 338개 공기업의 Private Block Chain Network가 BD, AI 51% 인용 업무집행을 할 수 있게 됨으로써, 대한민국 공기업에서 매년 26%의 예산절감을 할 수 있게 하여 국민혈세 보존에 일익을 보태는 효과를 얻게 될 것입니다.

③ 대한민국의 청년 및 장년들의 Big data, AI, 5G, SW 등 전문가교육으로 인하여서, 338개 공기업의 Private Block Chain Network가 BD, AI 51% 인용 업무집행을 할 수 있게 됨으로써, 매년 2만 명의 BD, AI 전문가의 '해외 취업'으로 매년 2만 명의 청년해외일자리창출을 하게 되고, 그에 상응하는 국격 향상에 기여하는 효과를 얻게 될 것입니다.

④ 전국의 폐교 및 폐쇄와 폐쇄예정 조치되는 54개 대학교 시설을 Big data, AI, 5G, SW 등 전문가 교육시설로 활용할 수 있게 됨으로써, 폐교 및 폐쇄조치를 위한 국민혈세를 절감할 수 있는 효과를 얻게 될 것입니다.

3. 대한민국의 대학에서 철학과 사회학 등을 전공한 사람들 20만 명에게 '시티즌 데이터 사이언티스트[2]' 양성교육을 국가에

---

2. 시티즌데이터사이언티스트: 전문 분야가 따로 있으면서 데이터를 잘 다루는 사람을 말합니다.

서 시켜서 시티즌 데이터 사이언티스트를 육성하여 4차산업
혁명 선도국가 도약에 일익을 담당하게 하는 정책을 2030미
래선택연구소에서 중앙정부와 M.O.U해 개발하겠습니다.

4. 2030미래선택연구소에서는, 대한민국 서울대 4차산업혁명
아카데미(SNU-FIRA) 프로그램과 M.O.U 체결하여서, 서울대
데이터사이언스전문대학원(차상균 교수)을 통해서도 디지털(AI,
5G, BD) 인재 100만 명을 추가 육성하는 정책을 개발하고, 서
울대 데이터 사이언스 전문대학원에서 육성하는 디지털인재
(AI, Big data) 100만 명과 함께 대한민국의 4차산업혁명 선도
국가 도약에 분명한 버팀목이 될 수 있게 하겠습니다.

5. 2030미래선택연구소에서는 4차산업혁명 성공을 위한 전문
가 기술공유모임인 'C3기술독립군' (650명의 과학자들이 '창
조(Creative)', '문화(Culture)', '사회공동체(Community)') 단체와
M.O.U 하여서, AI, Big data, 5G, SW 등 전문가 교육정책
을 완성시킬 수 있게 하겠습니다. 그리고 SW 개발자 양성
프로그램(우아한테크코스)을 시행하고 '우아한형제들'과 M.O.U
함으로써, SW 전문가 교육 정책을 완성시키겠습니다.

6. 2030미래선택연구소에서는 AI 시대에 맞는 비즈니스 모델을 발굴하여서 아직은 '네트워크 효과'와 '데이터 효과(data effect)' 격차가 미미한 때에 AI, SW 전문가 양성정책을 개발하겠습니다. 과학기술정보통신부의 '이노베이션아카데미(AI 대학원)'→ 2022년까지 4만 명 SW인재양성정책과 M.O.U 하겠습니다.

7. 2019년 3월 현재 대한민국에서 최소한으로 명맥을 유지하기 위한 IT 개발자가,

  1) 증강가상현실개발자 19,847명 중 18,727명 부족하고,
  2) 인공지능개발과 개발자 14,139명 중 9,986명 부족하며,
  3) 빅데이터 개발자 17,073명 중 2,785명 부족하며,
  4) 클라우드 개발자 6,724명 중 335명이 부족합니다.

실제적으로 구글 AI, 클라우드 전문가 200명 초청, 국내 IT 개발자 5년간 5만 명 자체 교육한다고 합니다. 'KAIST 인공지능대학원'과 M.O.U 하겠습니다."

8. 2030미래선택연구소에서는 IBM의 P-테크 '교육과정'과

M.O.U하여서 대한민국의 200만 명의 4차산업혁명전문가 (AI, SW, 정보보안) 육성정책개발을 하겠습니다. 그리고 대한민국의 직업계 고등학교에 P-테크(AI, SW, 정보보안)학과를 모두 신설하여서 4차산업혁명전문가 200만 명 양성에 전력을 다 하겠습니다. 〈세명컴퓨터고, 유두구 교장선생님〉

또한, 교육부의 전국 17개 시·도 교육청의 직업교육 활성화 정책과 M.O.U하여서 전국의 70개의 특성화교 15,502명 고등학생들에게 3차원(3D) 프린팅, IoT, VR 디자인 4차산업혁명전문가 교육생을 양성시키는 정책개발을 하겠습니다.

〈충남 교육청의 오작교 프로젝트, 강원교육청,

세종교육청의 세종하이텍고, 세종여고, 제2의 세종특성화교〉

9. 2030미래선택연구소에서는 대한민국의 구직단념자 583,000 명(2019.2)과 '그냥 쉬는 근로가능자 2,166,000명(2019.2)', 그리고 청년무직자들인 23.58%나 되는 '니트(NEET: not in employmen, education and training)족'들을 4차산업혁명 전문인력 (BD, AI, 5G, SW)으로 양성하는 정책을 개발하여서 2년간 사용되는 일자리 예산을 절약하도록 하겠습니다.

"대한민국의 2030 미래선택세대들은 성공보다는 도전과 성
장을 먼저 생각하는 용기가 필요합니다."

은사시 나무의 갈망

위로 보고
아래로 또 보며,
숨어도 보는,
그대의 예쁘고 고운 자태!

나는 누구인가?
나는 가능하기는 한가?
나는 어떤 미래를 선택하고 있는가!

창살 마져 숨어버린 저 언덕 위
500년 어르신!

당신은 연륜으로,
연두색을 물들이고 있습니다.

102개월을 고뇌하고, 또 도전하였어도

인생은 부족으로만 차오르고 있는데……

Big data가 중요합니다.
AI이 중요해요!
IoT가 더 중요합니다.
Private Block Chain Network System은 정말 중요합니다.

미래선택세대들이 아파하지 않았으면 좋겠습니다.
그래도 꿈을 꾸어 볼 수 있어서 행복합니다.

2018. 8. 15

2030 미래선택세대들

2030미래선택연구소

2030futurechoice@2030futurechoice.com
www.2030futurechoice.com

서울 서초구 반포대로30길 82, 6층(서초동, 우서빌딩)
대표전화: (02)595-2030,   팩스: (02)595-2037
2030: (02)595-2030~7   1020: (02)3481-1020~1
4050: (02)3481-4050~1   6070: (02)595-6070~1

2030미래선택 여러분!

민주란,

국민이 주인이란 뜻입니다.

주인이란,

스스로 결정권을 갖는 자연인을 뜻합니다.

스스로 결정권을 갖는 자연인이란,

바로 2030미래선택세대 여러분들입니다.

2030미래선택세대들은,

포기하지 않는 미래지향적인 '열정', '가능성', '희망', '끈기', 그리고 도전정신이 가슴 속을 용솟음치게 하고 있습니다.

기성세대들에게는, '일자리를 만들어서 가정의 행복을 회복'시켜드리고, 스스로는 '청년일자리를 창출하여서 취업난을 해소'시키고, 2030미래 선택세대들 스스로가 꿈과 희망이 가득한 4차산업혁명 시대의 대한민국을 선도국가로 도약시킬 수 있어야 하겠습니다.

2030미래선택세대들은,

'자유'와 '책임'의 한계가 분명하게 정리되기를 원하며, 자신에 앞서서 국가의 공동선을 생각하는 것을 당연시하고, 능력이 있는 사람은 마음껏 능력을 발휘할 수 있기를 응원합니다.

성공한 친구들이 성과를 자유롭게 향유하면서, 스스로 사회적 책임을 다하는 것을 인정하고, 능력이 없는 소수의 친구들에게는 국가가 집중적으로 보호하여 주는 것을 찬성하고 있습니다.

2030미래선택세대 여러분!

이미 오래전부터 도래하여 있는, '글로벌 4.0시대'는 '글로보틱스(글로벌+로봇)' 신기술을 활용가능한 '서비스인력(대한민국의 10-20-30 미래선택세대들)'으로 보유하는 것만이 대한민국이 4차산업혁명을 선도할 수 있게 되는 척도가 되겠습니다.

하지만 역주행하고 있는 지금의 대한민국에서는 '원격이민시대(telemigration)'의 '상상력의 제고(heightened imagination)'를 최우선으로 하여, '창의력 교육을 원하는 경쟁력 있는 시민(Competitive citizen)'이 될 수 있는 필요충분의 미래 자산을 보유하고 있는 대한민국의 10-20-30 미래선택세대들만이 대한민국을 4차산업혁명의 선도국가로 도약시킬 수가 있습니다.

2030미래선택세대 여러분!

대한민국의 지금의 기성세대들 중에는, **"우리민족끼리 평화를 만들어 가는 과정에서 전통적인 안보동맹에 매달릴 필요는 없다."**라고 주장하면서, 북한의 선의만 믿고, 대한민국을 매국하게 되는 정책을 진행시키려 하고 있습니다.

자랑스러운 대한민국의 생존권은 대한민국 국민 모두의 것이며, 어느 일방이나 특정 이념 계층에서 침해할 수 없는. 헌법에서 보장된 대한민국 국민 개개인의 권리입니다.

때문에 대한민국 국민 개개인의 생존권이 1%라도 침해받을 수 있는 정책 시행을 부정할 수 있어야 하겠습니다.

2030미래선택세대 여러분!

2018. 9. 19. 체결된 〈남북군사합의서〉로 **휴전선이 비무장지대화되었**

을 경우, 대한민국의 '내부이념 갈등'과 '극심한 혼란'이 야기됩니다. 이미 오래 전에 배치 완료된 북한군 21만 8천 명(미국도 20만 명 수준에 머물고 있음)의 '암살전문 특수작전부대'가 속전속결 전술로 대한민국을 침투하였을 경우에도 '우리민족끼리 평화운운'을 주장할 수 있겠습니까!

이렇듯 '초불확실성의 대한민국의 위험한 미래'는 오롯이 20-30 미래 선택세대들만이 감당할 수밖에 없는 시대적 운명이 되었습니다.

2030미래선택세대 여러분!

2030미래선택세대들만이 감당해야 되는

'초불확실성의 대한민국의 위험한 미래'를 기성세대들에게만 의탁하고 의존하는 것은 대한민국의 자랑스러운 '10-20-30 미래선택세대들의 능력'(세계 최정상의 미래세대들의 자본과 두뇌)을 무시하게 되는 것입니다.

2030미래선택세대 여러분!

지금의 대한민국 위정자들은 잘못되어가고 있는 정부 정책을 변경 하지 않은 채, '국가경기침체위험'과 '국가경제력 후퇴 위험'만을 걱정하여서는 안 되겠습니다.

2030미래선택세대들은,

'세계 최정상의 미래세대들의 자본'과 '세계최정상의 미래세대들의 두뇌', 그리고 '진행의 공정성'과 '결과의 합리성'의 '분명한 경쟁력'을 사용하여서라도 4차산업혁명 선도국가 도약을 성취하기 위한 엄청난 고뇌와 끊임없는 도전을 시작할 수 있어야 합니다.

2030미래선택연구소에서는 대한민국의 4차산업혁명 선도국가 도약을 위함으로 중앙정부와 지방정부가 주도하는 '인구절벽해소정책'과 '청년일자리 창출정책', 그리고 '고령자 손주돌봄 일자리 창출 정책'을 개발하게 되었습니다.

2030미래선택세대들 또한,

잃어버린 6년 동안, 일자리 450만 개를 창출한 이웃나라 일본 정부의 '규제 개혁을 솔선수범하고', '신성장', '선고용', '선순환' 시키는 'AI종합전략(아베노믹스 등)'을 벤치마킹 할 수 있는 열린 마음과 새로운 도전력을 지향하여야 하겠습니다.

대한민국 정부의
인구절벽해소정책

· 대한민국은 세계의 중심 국가에 위치하고 있습니다.

· 대한민국은 4차산업혁명을 선도할 수 있는 분명한 인프라
(세계 최고의 ICT기술보유, 세계 최고의 인터넷, 사용기술과 5G 보급망, 모바
일 사용국가, 세계최고의 긍정적인 사고와 도전정신, 세계 최상위에 있는 제조
업 경쟁력)를 보유하고 있습니다.

· 대한민국은 '결과에는 합리적이고', '기회와 진행의 공정성
을 중시하고' 있는 2030미래선택세대들과 청소년세대들이
전체 인구의 27.2%를 차지하고 있기 때문에 희망으로만
가득합니다.   〈청년 참여 연대 통계치〉

·한데도 대한민국은 현재 급격한 인구절벽을 가장 걱정하고 있는 나라가 되었습니다.

지금부터는 대한민국의 2030미래선택세대들만이 청소년 세대들과 함께 국가시스템 변경을 성공시켜, '가족친화적 가치관을 확립시키는 패러다임의 전환'을 책임져야 할 때가 분명하게 도래하였습니다.

저희 2030미래선택연구소(CO.)에서는 출산전도사를 자처하고 있는 '한국(7대)종교지도자협의회(의장: (천주교)김희종 대주교, (불교)원행 총무원장, (개신교)엄기호 회장, (원불교)한은숙 교정원장, (유교)김영근 성균관장, (천도교)이정희 교령, (민족종교)박우근 회장)와 함께 대한민국 인구절벽해소 정책을 개발하겠습니다.

1) '한국(7대)종교지도자협의회'에서는 '저출산 극복 국민운동 선언문'을 발표하면서, '생명존중사상중시', '가족친화적 가치관 확산을 통한 사회문화개선', '아이와 부모가 모두 행복할 수 있는 사회적 배려', '결혼과 출산에 대한 긍정적인 가치관 회복', '주택 마련에 대한 부담 해소', '정부가 출산 가정에 역세권 무상 임대주택을 마련하여주고, 3자녀 이

상 가족에겐 더 큰 평수 제공해주는 정책' 시행을 국가에 요청하고 있습니다.

2) 저희 2030미래선택연구소에서는 국가 및 지방자치단체와 M.O.U 하는 패키지 정책(청년 일자리 해소, 고령자 행복권 보장, 인구절벽해소)을 펼치는 가운데에 대한민국의 인구절벽 해소정책에 동참하고 있습니다.

3) 저희 2030미래선택연구소(Co.)에서 정책으로 개발하고 있는 인구 절벽 해소 방법은 아래와 같습니다.

> "국가의 저출산 예산(2018년 기준 30조 600억 원) 전용정책과 지방자치단체의 저출산 예산(2018년 기준 4조 2813억 원) 전용정책을 2030미래선택연구소와 M.O.U 체결하게 하여서"

① 국가는 결혼식을 올리고 혼인신고를 마친 신혼부부에게 1,000만 원을 무상 지급한다.(결혼을 출산으로 가는 선순한 패러다임정착)

② 국가는 첫째 출산을 한 신혼부부에게 '거주지 스마트형 임대주택(13.5평형)'을 15년간 무상 임대해주고, 돌봄부모 1인에게도 '손주돌봄행복수당'을 월 50만 원씩 15년간 지급한다.(국

가의 '무상임대주택' 건설과 '생활복지주택건설' 시행 정책과 연계함)

③ 국가는 둘째 출산을 한 부부에게 거주지 '스마트형 임대주택
(17.5평형)을 15년간 무상으로 임대하여 주고, 돌봄부모 1인에
게도 손주돌봄 행복수당을 월 70만 원씩 15년간 지급한다.

④ 국가는 셋째 출산을 한 부부에게 거주지 소재 '스마트형' 임
대주택(25.88평형)을 15년간 무상으로 임대해 주고, 돌봄부모
2인에게도 손주돌봄 행복수당을 각각 월 50만 원씩 15년간
지급한다.

⑤ 저출산으로 당면하고 있는 '국가 노동력 부족 부분'을 형제
국가들(베트남, 필리핀, 라오스 등)로부터 이민자 유입 정책(2050
년까지 1,159만 명 노동력 부족 예상)으로 해소한다.

〈삼성 경제 연구소 미래적 보고서〉

⑥ 외국인 노동자에게 대한민국의 선진 기술을 가르쳐서 "저출
산 인력난"을 해결하고, 외국인을 단순한 노동인력 관리가
아닌 "국가의 사회적인 자원"으로 육성하는 정책을 개발하겠
습니다.   〈저출산 고령사회 위원회〉

⑦ 국가는 출산 부부에게 현재 정부에서 시행하고 있는 출산휴
가를 확대 보장한다.

⑧ 국가의 다른 인구절벽해소정책은 모두 폐지한다.(대통령 직속
저출산고령화위원회는 폐지시키고, (독립기간)4차산업혁명위원회에 저출

산 고령화국을 설치한다.)

⑨ 한국종교지도자협의회(의장: 김희중 대주교)의 종교계 저출산 극복운동과 함께 하여서, 생명존중사상고취 및 가족 친화적 가치관 확산을 통해 사회문화를 개선한다.

⑩ S.H공사의 청년주택(신혼부부) 2,500가구, 임대주택 500가구 매입정책과 M.O.U 하는 정책을 개발하였습니다.

⑪ 대한민국 지방자치단체 중에 2018년 출산제로(ZERO) 지자체(7곳)와 M.O.U하는 정책을 개발하겠습니다.

⑫ 대한민국 지방자치단체 중에, '전북장수군(결혼장려금 1,000만 원), 경북 의성군(신혼부부 400만 원. 출산 390만 원), 전남 해남군(출산 3자녀 600만 원), 광양군(출산 500만 원, 셋째 1,000만 원), 충남 청양군(출산 500만 원), 충남 금산군(4자녀 출산 2,000만 원), 경북 경주시 봉화군(첫째 420만 원, 둘째 600만 원), 달성군, 영덕(첫째 480만 원, 둘째 960만 원) · 영양, 울진, 청송), 강원(고성, 화천군(출산 640만 원).평창), 대구시 등의 기존 인구절벽 해소정책과 연계하여 M.O.U 하는 정책을 개발하겠습니다.

'출산=행복' 정책으로 전국 출산율 1위가 된 전남 해남군(2.1명)의 백화점식 출산정책을 개발하겠습니다.

⑬ 2030미래선택연구소에서는, 정부에서 10년간 116조 원을 투입하여서 실패한 출산정책을 2030미래선택연구소 정책 Ⅱ, Ⅴ와 연계하는 정책을 개발하겠습니다.

〈이창준 저출산고령화위원회 기획조정관〉

⑭ 신용협동조합의 30세 이전 결혼 시 저금리대출해주는 정책과 1인 창업가가 M.O.U하는 정책을 개발하겠습니다.

⑮ 스마트형 임대주택 건설을 위해서 건설관계 파트너로 LH공사, 삼성전자(레미안 IoT플랫폼), 삼성물산, HDC현대산업개발(OCF), 대우건설(IoT의 Build up Korea 2018), 그리고 '강현구 서울대 교수'와 M.O.U하여 스마트형 건설과 스마트 건축공법에 대한 정책개발을 하겠습니다.

⑯ 일본 여성들의 다자녀 열풍인 "마마라제(엄마+탤런트)를 벤치마킹하는 마케팅 정책을 개발하겠습니다.(다자익선(多子益善)! 다자녀! 얻는 게 더 많아요!)

⑰ 경북 의성군에서 진행하는 300가구 규모의 청년주택조성사업과 연계하는 정책을 개발하겠습니다.

⑱ 2030미래선택연구소에서는 '인구오너스'(demographic onus) 현상을 바꿀 수 있는 정책을 개발하겠습니다.

(인구오너스: 고령화와 저출산으로 생산가능 인구가 줄어드는 현상)

⑲ 김명환 덕산하우징 회장(첫째 출산: 500만 원, 둘째 출산: 1,000만

원, 셋째출산 : 2,000만 원)의 저출산 대책과 연계하는 정책을 개발하겠습니다.

⑳ 정부의 청년농촌보금자리주택(매년 1,600명, 3년간 월 생활비 100만 원 지원)정책과 유휴국유지 공공주택(22,000가구) 정책에 연계되는 정책을 개발하겠습니다.

4) 2030미래선택연구소에서는 <u>인간의 '욕망의 서사', '사회혁신속도', '문자의 습득', '협동의 적응'을 부정하는 저출산 현상</u>은 '사회혁신속도'가 '자연변화속도'를 따라잡지 못하는 첫 번째 부작용이 될 수 있다고 봅니다. 때문에 이에 대비한 정책개발을 하겠습니다.

2030미래선택세대들은 '성장의 경제'보다는 '<u>행복의 경제</u>'를 선호하고 있습니다. 기쁨으로 물든 일상의 성취를 위한 (1020)2030미래선택세대들을 위한 패러다임의 전환이 필요하겠습니다.

〈장은수 편집문화실천대표〉

2030미래선택 여러분!

어느 기업가는,

젊은 세대들이 불만을 가질 수는 있지만, 불평만 가득하면 능력을 키울
수가 없다고 하였으며, 『논어』에서는 개인이 어리석으면 자신의 삶만 고
달프지만, 정부 관료들이 어리석으면 국민의 삶이 고달파진다고 합니다.

대한민국은 자유민주주의 국가이고 자본주의 국가이기에 경제적 자유
가 확장되어야만 혁신과 효율적 생산을 촉진시킬 수가 있겠습니다.

〈안재욱 경희대교수〉

2030미래선택세대들은,

국가가 다해준다는 '포퓰리즘(현재의 나은 삶을 위해서 국가의 미래를 희생시키는
사회, 경제 정책)' 정책은 국민을 나라의 주인이 아닌 하나의 독립된 객체로
만 보는 사회주의 이념이기 때문에, 제정될 수 없는 현 정부의 위험천만
한 정책을 부정하고 있습니다. 〈오형규 칼럼〉

글로벌사회에서는 국가가 국민을 행복하게 해줄 수 있다는 '치명적인 자만'에 가득찬 정책은 시행하여서는 안 되겠습니다. '관제행복'은 정책이 될 수 없는 국가설계주의적 발상이며, 사회주의 정책이기에 과감히 부정할 수 있어야 합니다.

2030 미래선택연구소에서는,

2030미래선택세대들을 위한 인프라 구축 정책과 일자리 창출정책, 그리고 신혼부부를 위한 주택정책(장기무상임대주택제공)을 개발하고 있습니다.

대한민국의 10만 명 인구 사수 중소도시들(상주시, 영천시, 보령시, 영주시, 밀양시, 공주시(전입대학생 1년간 20만 원 지원), 정읍시(귀농 이사비 100만 원 지원), 서천시, 논산시, 김제시(결혼축의금 500만 원 지급)과 직접적으로 M.O.U 하는 정책 개발을 하고 있습니다.

대한민국
청년일자리정책

1) 대한민국은 구직자보다 일자리가 더 많은 나라가 되어야
합니다. 대한민국은 구인난에 기업이 문 닫는 행복한 청년
들 세상이 되어야 합니다. 대한민국은 공정(mishpat)을 지키
고, 정의를 실천할 수 있는 자유민주주의 국가이기 때문입
니다. 현재 대한민국은 청년 일자리 정책으로 '연 25조 원
의 국가 예산(41개 공공 기관 포함)을 지출'하고 있습니다. 한데
도, 대한민국은 41만 공시족이 참담하게 청년 일자리를 걱
정하고 있는 정책 부재가 계속되고 있습니다.

〈한국직업능력개발원 2018년 통계치 인용〉

2) 2030미래선택연구소(Co.)에서는 4차산업혁명을 선도하기

위함으로,

① 청년 세대에 데이터 교육을 강화하여서, '데이터 기술 융합산업(에너지, 복지, 의료, 스마트시티)'을 육성시키는 청년들에게 스타트업 꿈을 성취시킬 수 있도록, '1인무상제공 창업투자스마트빌딩' 건설 정책을 개발하였습니다.

② '디지털연합대학정책'을 개발하여서 디지털 전문 인력(5만 명 이상)을 양성하는 정책을 개발하겠습니다.

③ '선도형전문대학육성정책'을 개발하여서 평생직업교육대학 과정에서 실무 중심 고숙련 청년 인재를 다량으로 양성하는 정책을 개발 하겠습니다.

④ 삼성그룹의 취업보장 대학에 반도체학과 개설 요청과 삼성그룹의 SW아카데미(청년SW아카데미, 스마트스쿨)에서, AI, 양자컴퓨터, 암치료메커니즘 핵심인재육성정책과 포스텍의 AI를 필수과목으로 하는 블록체인 캠퍼스 정책과 M.O.U를 하겠습니다.

⑤ 단순 노무직 25만 명을 창업투자 기업가로 변신시키는 양질의 청년 일자리 정책을 개발하겠습니다.

⑥ 청년들에게 신기술, 고숙련 기술을 재교육함으로써 172만 명의 양질의 일자리를 창출하는 고용 변화 효과 정책을 개발하여 구직자와 재직자의 직업능력을 'skill up' 시키겠습니다.

〈이인기(NH 농협카드)의 '디지털청사진'으로, 직원 20%를 데이터처리 전문가 양성정책〉

⑦ '국가와 중소기업(창업 투자 기업 포함)'과 '중소기업과 대학(서울대 : 예비 창업가 양성 교육)'이 M.O.U를 체결하게 하여서 중소기업에서 청년들이 창의적으로 생산력을 향상시킬 수 있게 하는 '청년 스타트 업(어도비서밋2018)'을 활성화시키는 정책을 개발하겠습니다.

⑧ 공과대학에서 핵심 소수 인재를 육성하는 정책으로

(가) 공대교과 20%는 신기술교육에 배당하고

(나) 학과 칸막이를 제거하고 유연하게 교육함으로써 20%의 혁신 기술로 신산업의 80%를 혁신 시키는 정책을 시행하겠습니다.　　　　　〈박수용: 서강대 컴퓨터공학과 교수〉

3) 2030미래선택연구소(Co.)에서는 실질적인 청년 일자리 해소 정책으로,

① 대한민국의 공공기관 및 공기업에게, 'BBAS 51%' 결정을 인용하는 공무집행을 할 수 있는 '4차산업혁명 핵심인재 200만 명(공공기관 및 공기업 100만 명, 일반기업 100만 명) 양성프로그램'을 지금의 '공시족(80만 명) 청년들'과 '잠재실업 상태에 있는 청년들'에게 재교육시키는 정책을 개발하여, 당면하고 있는 청년

일자리 부족분의 40%를 해소시키는 정책을 개발하겠습니다.

② 전국의 지방자치단체(436곳)에 '2030미래선택연구소(Co.) 패키지 사업'으로 '스마트형 1인 창업 투자 빌딩'을 건축하여, '10년간 무상 임대 방식(창업투자 입주 기업의 주권 20%를 2030미래선택연구소에서 양도받는 조건)'으로 청년들의 창업기회를 제공함으로써, 청년 일자리 부족분 20%를 해소시키는 정책을 개발하겠습니다.

4) 청년들이 '학제 개편되는 창업전문대학(기존4년제 대학)'에 진학하기 전에 '학제 개편되는 창업 기초 학교(기존 고등학교)' 졸업 후 곧바로 중소기업이나 창업 투자 기업에 취업할 경우, 국가에서 창업 전문대학 수료기간(4년) 동안 매월 100만 원을 사회정착 자금으로 지급함으로써 청년 실업률 10%를 해소시키는 정책을 개발하겠습니다.

5) '스마트형 1인 창업 투자 빌딩'에 입주하는 1인 창업가들에게 '젊은 거부(게임업체사주 등)'들과의 M.O.U 체결을 할 수 있게 돕겠습니다.(쇼카 이재웅, 포티스 이현진 등)

6) 기술 보증기금(창업자 일자리 창출에 20조 보증)정책과 '오픈 바

우쳐(예비 창업자 1억 원 신용카드로 지급)정책'과 1인 창업가들이 M.O.U 할 수 있게 돕겠습니다.

7) 지방자치단체(서초구청의 청년취업스쿨, 성북구청의 청년창업공간 '도, 전, 숙' 정책, 서울시 VR, AR 지원센터 시스템, 서초구청의 KAIST와 M.O.U 하여서, 35세 이하 4차산업혁명인재 300명 창업지원 정책 및 2022년까지 1,690명 청년일자리 창출 정책)와 연계하는 정책개발을 하겠습니다.

8) 정부의 '사회성과 보상사업' 정책과 2030미래선택연구소에서 M.O.U 하여서 사회성과 연계채권(SIB)으로 '30억 원 +α' 채권을 발행하여 청년일자리 창출자금으로 사용하는 정책을 개발하겠습니다.(팬임팩트코리아와 대교문화재단의 경계선 자립 아동지원사업과 서울시의 19-34세 청년 500명을 대상으로 창업 또는 취업 시키는 사업)

9) 서울시 지방상생사업(청년 300명에게 지역 취업, 창업, 귀농지원) 및 "창업사관학교"(정원 2,000명), "창업선도대학 설립 정책"(서울대 경제학부 석사과정포함 5년제)과 "경북농민사관학교", "전라남도 귀농학교"를 연계하는 정책을 개발하겠습니다.

10) 한국농업방송(WBC) 및 임정빈 서울대 농경제사회학부 교수, 고려대 양승종 식품지원 경제학과 교수와 M.O.U 하여서, 농업에 종사하고자 하는 1인 청년창업가를 창출하는 정책을 개발하겠습니다.

11) 중소기업진흥공단의 청년사관학교 1인창업가 1,000여 팀(920억 원 지원) 지원정책과 용산구의 민간일자리 사업 공개포럼정책 및 서울시의 보증금지원형 장기안심주택(2,000호 공급)과 연계하는 정책을 개발하겠습니다.

12) 1인 창업가들에게 UNIST(울산과학기술원), 한국농수산대학, KAIST, 포항공대, 세종대(혼·창·통 경영 아카데키) 등과 M.O.U 할 수 있도록 돕겠습니다.

13) 곽정환 코웨이홀딩스 회장의 '한국청년사업 기초와 글로벌 스타트업 육성시킨다' 정책과 강희태 롯데백화점 사장의 '2030세대의 도전에는 무조건 박수칩니다' 정책이 연계되는 정책 개발을 하겠습니다.

14) 중소벤처기업부와 중소기업기술개발지원사업건으로 스

마트형 창업빌딩에 입주하는 1인창업가들과의 M.O.U 체결을 돕겠습니다. 김기문 중소기업 중앙회장의 일자리 미스매칭 정책과도 M.O.U하겠습니다.

15) 2030미래선택연구소에서는 '미래시민연대(2018.10.16. 창립 총회. 발기인 100명 중 20명 청년)'와 연계하는 정책개발을 하겠습니다.

16) 권영진 대구시장의 'Local government(LG2LG)' 정책과 이철우 경북도지사의 '일자리 창출 및 저출산문제해결' 정책을 연계하는 정책개발을 하겠습니다.

17) 신진교 계명대 교수의 '지방소멸시대의 청년유입전략' 정책과 김병원 농협회장의 'R&D조직 건설로 청년농협조합원 700명 양성' 정책을 연계하는 정책 개발을 하겠습니다.

18) 정부의 여의도 2.4배 유휴국유지(교정시설. 군용지 11곳)를 활용하는 벤처단지 조성정책과 연계하는 정책개발을 하겠습니다.(2028년까지 16조 8,000억 투입) 김천시장의 산업단지육성책과 M.O.U를 하는 정책개발을 하겠습니다.

대한민국정부는 신산업일자리 프로젝트 첨단산업에만 4년간 125조 원을 투자하여서, 1개의 일자리 창출비용으로 11억 원의 국민혈세를 지출하고 있습니다.

〈차병석 한국경제 편집부국장〉

2030미래선택연구소에서는 1인창업가들이 '창의성'과 숨 쉴 수 있는 공간을 마련하여 주는 정책으로 대한민국 436개 지자체 및 436개 초등학교(교육부)와 M.O.U 하여서, 각 지자체마다 1곳씩 '스마트형 1인 창업투자 빌딩'을 건설해 1인창업가들에게 희망을 줄 수 있는 창업공간을 제공하는 정책을 개발하겠습니다.

〈신동우 나노 대표이사〉

2030미래선택연구소에서 건설하는 '스마트형 1인창업투자빌딩'에 입주하는 지방자치단체 1인창업가들이 수도권에 입주하는 1인창업자들보다 유리한 조건은 다음을 들 수 있습니다.

· 정보기술, 어플리케이션(앱), 디자인 습득 등에 있어 취약한 점을 지역신탁 연계로 상쇄시킨다.
· 각 지역 특성에 맞는 1인 창업가를 입주시킬 수 있다.

· 고향(연고지) 부모님으로부터 식생활 등 도움을 받을 수 있다.

· 부모 손주돌봄 노인수당 자금으로 부모에게 효도할 수 있게 되어서, 가족관계 및 고향 친구관계가 회복될 수 있다.

정책6

대한민국
고령자일자리정책

1) 2030미래선택연구소(Co.)의 패키지정책(인구절벽해소, 청년일
   자리, 고령자일자리) 중 노년행복수당(손주돌봄수당) 정책으로, 고
   령자 일자리 20%(140만 명)를 창출하는 정책을 시행하겠습
   니다.

2) 은퇴 연령 엔지니어기술자('은퇴개념 법적폐지 법률 개정 필요성')의
   재교육(각종 빅데이터 전문가, 도덕적 윤리지도사, 해외진출 기업지도사)으
   로 고령자 일자리 40%(280만 명)를 창출하는 정책을 시행하
   겠습니다.

3) 50세 이상 각종 '컨설턴트 100만 명 양성재교육(빅데이터 전

문과정, 고급 엔지니어링과정)'으로 고령자 일자리 20%(140만 명)를 창출하는 정책을 시행하겠습니다.

재교육 받은 컨설턴트가 일반 창업자들에게 종목별 창업을 지도하는 일자리 창출을 하고, 외국에 진출하는 중소, 중견 기업과의 패키지 일자리 수출을 하는 정책을 시행하겠습니다.

4) 고용부적격(거동불편) 고령자 30%(210만 명)의 극빈곤층 생계 보조비(월 50만 원) 지급 (약 1조 원) 정책을 시행하겠습니다. (근로자완전행복제보장정책과 연계함)

5) 정부의 "노인케어안심주택"(2022년 4만 가구)인 노인주거보장을 위한 공공주택 정책과 정부의 노인낙상사고 예방 집수리 사업(2025년 27만 가구)정책과 연계하는 고령자 일자리 창출 정책을 개발하겠습니다.

6) 대한민국의 지자체 436곳에 "스마트형 무상 생활복지 주택"(1곳 100세대)을 건설하여서, 손주돌봄일자리고령자 43,600명에게 15년 무상으로 입주케 하는 노인주거해소

및 고령자 일자리 창출정책을 개발하겠습니다.(데어케어 정책
과 연계함)

7) 정부의 의료건강관리와 돌봄요양제도(고령자 복지주택 4,000 가
구 포함해서 2022년까지 고령자 대상 공공임대주택 40,000 가구 공급 및 영구
임대주택 14만 가구 공급)와 연계하는 정책개발을 하겠습니다.

8) 65세 이상 고령자들에게, "유치원 보조교사" 양성교육을
시켜서, 전국 국·공립, 사립유치원에 유치원 교사 보조인
력으로 취업시킴으로써, "손주 돌봄 고령자 행복정책확장"
효과와 "유치원생 학대방지효과"를 얻게 되게 하는 정책을
개발하겠습니다.(파트타임 근무로 월 70만 원 수입보장)

〈안경숙 2030미래선택연구소 대표〉

대한민국 R&D 정책
(국가 2019년 예산: 20.5조 원)

Research and Development(연구개발)
R&D 정책은 "인간, 문화, 사회를 망라하는 지식의 축적분을 늘리고, 그것을 새롭게 응용함으로써, 활용성을 높이기 위해 체계적으로 이루어지는 창조적인 모든 활동"입니다.

· 기초 연구, 응용 연구, 개발 연구(한국 산업 기술 진흥 협회)

· 'R&D에 의한 기술 진보를 경제 성장의 원동력'(내성적 성장 이론: endogenous grouth theory)

· 중소기업청의 R&D 기획 지원 사업

· 국가 R&D 체계 변혁 연구소: 공공 출연 연구소(대학주변 설치)
⇒ 대학과 기업의 인터페이스 역할

· 빅데이터 연구소(서울대 180명 교수 참여) ⇒ '초학제적(trans
disciplinary) 연구'와 '미래 기술 드림팀(삼성 5명, 서울대 5명)'을
탄생시켜서 미래 먹거리 개발을 하겠습니다.

· 각 연구소(R&D)에서는 수당과 사무실을 제공하고, 대학원
생, 석 · 박사 과정 이수자를 R&D '자금의 주관리자'로 변경
하여서, 중소기업과 창업 투자 기업이 공동 투자할 수 있게
되는 권리가 있게 하는, '변경되는 자금 관리 주관자'에게
R&D 자금에 대한 책임과 의무를 부과하는 상향식 정책을
개발하겠습니다.

· 2017년 기준으로 본 학력별 노동인력 수요와 공급
① 석 · 박사 자격 소지자 113만 명 중 88만 명이 잉여 자산으로
있다.(25만 명이 노동 시장에서 필요하다)
② 대학 졸업자 571만 명 중 11만 명이 부족 자산으로 있다. (582
만 명이 노동시장에서 필요하다)
③ 고등학교 졸업자 301만 명 중 43만 명이 잉여자산으로 있다.

(258만 명이 노동 시장에서 필요하다)

· '연구수당 폴링제도 개선'과 'PM(project manager) 제도'를 철
  폐한다.

· 기업의 R&D 투자액 20%는 대학과 창업투자 기업에 할당
  하도록 법인(기업) 정관에 명시하는 정책을 개발하겠습니다.

· 석·박사 과정 수료자부터는 'R&D 연구소와 별개'로 창업
  투자 기업과 M.O.U를 체결하면 국가로부터 직접 R&D 자
  금을 지원받게 한다.

· R&D 자금 사용 방법은 기자재 구입을 우선으로 의무화 하
  고, 한 차례의 실패는 연구과정만 객관성이 입증되면 2차
  R&D 자금 신청에 장애가 되지 않게 하며, 1차 R&D 자금
  으로 연구개발에 성공하면 2차 R&D 자금신청 시 30% 상향
  R&D 자금을 지급하는 인센티브 제도를 시행하겠습니다.

· 공공기관 R&D 자금은 공공연구소 중심이 아닌, 대리급 이
  상 공직자가 중소기업 및 창업투자기업과 M.O.U를 체결하

면 공직자 개인에게도 R&D 자금을 지급함으로써, PM제도
를 철폐시키고 상향식 R&D 자금 집행으로 연구원 개인이
창업투자기업과 함께 공공 연구소 안에서 직접 자금을 관
리하게 하여 R&D 성과를 도출할 수 있게 하겠습니다.
· 결론으로, '공공연구소는 오직 연구원들의 연구 집중에 협
조하는 기관'으로만 존속시킨다.

2030미래선택연구소 R&D 정책

1. 선의의 실패를 용인하는 정책과 원천기술 확보를 넘어서
   게 하는 응용연구 활성화 정책 개발

   〈삼성미래기술육성사업 "실패도 자산이다"〉

2. 빠른 추격을 할 수 있는 사람. 사회중심의 창의력 개발 정책

3. 삼성국가미래기술육성사업(5년간 1조 원, SW 교육받는 취준생 1만
   명 육성)

   "성공 장담 못하는 미래투자 목표달성 못해도 책임 안 물
   어"와 연계하는 R&D 정책개발을 하겠습니다.

4. 국가 R&D 예산을 년20조 원에서 2022년까지 40조 원으로 증액하여서,

정부는 '기초원천기술을 위한 연구지원만 하고', 민간은 '기술사업화를 위한 연구개발에 전력을 다하며', 학계 및 출연연구기관은, '기초 연구와 원천기술연구'에 집중케 하는 R&D 정책을 개발하겠습니다.

〈하태호 KAIST 기술경영 전문대학원 석사과정〉

5. 국가 R&D자금은 석·박사 대학원생, 1인 창업자, 중소기업에 우선 배정하고,

교수는 창업지원만 하게 하고, 교수학칙이나 강령을 개정하여서, 연구위주 교육 외에 창업이나 산학협력 부분에 가점평가만 하게하는 변경되는 R&D정책을 개발하겠습니다.

6. 대학은 진리탐구 몰두보다는 사회에 실질적으로 공헌할 수 있는 기술연마에만 중점을 두어야 하겠습니다.

창업본능을 자극할 수 있는 한국판 'SELS'제도(영국창업금융지원제도)를 정책으로 개발하겠습니다.

7. 고려대 이상현 교수의 "병원이 바이오벤처창업 허브가 되

어야 병원 R&D산업화 역량을 높일 수가 있으며, 의료기
는 사업화 전달할 수 있는 산,병 협력단 시행이 필요하다"
는 정책과 연계하는 정책개발을 하겠습니다.

8. 교수들의 갑질로, 연구원들의 연구가 부정될 수 없게 하는
   R&D 윤리강령을 제정하여서,
   '학생+학생회+대학원생 협의체'에서 공정한 R&D 자금집
   행을 할 수 있게 하는 서울대 정책을 벤치마킹하는 정책개
   발을 하겠습니다.

9. 대학과 대기업을 연계하는 '산학창업프로젝트' 활성화 정
   책으로 모자라는 대학정원수를 '산학창업혁신 프로젝트 참
   가자'(연구공간 제공받은 1인 창업가)로 채우는 정책을 개발하겠습
   니다.(도쿄, 교토, 쓰쿠바 대학의 500개 벤처 벤치마킹)

10. 정부는 R&D정책 사업에 유리한 환경을 조성해 줄 수 있
    을 뿐 기업 활동을 대신하지 못하게 법령을 제정하여서,
    대기업의 R&D 비중을(3.4%) 5%로 상향 조정케 하는 정책
    을 개발하겠습니다.   〈박상준 와세다대 교수〉

11. 2030미래선택연구소에서는 스마트형 1인 창업투자빌딩
    에 입주하는 1인창업가들에게 중소기업벤처부에서 독자
    R&D자금을 제공받을 수 있도록 추천 및 보증을 하겠습
    니다.

12. 중소벤처기업부의 AI, 시스템반도체, 바이오, 스마트 공장
    분야 "i-con" 시범운영 계획과도 M.O.U를 하겠습니다.

2030미래선택 여러분!

누가 무어라 하여도 2030 미래선택세대들(청년)은, 스스로 희망을 개척하여야 하고, 스스로 미래를 책임질 수 있어야 하겠습니다.

2030 미래선택세대들(청년들)은 희망 세대로 만족할 수가 없고, 미래를 책임질 당사자가 되어야 할 세대들이기 때문입니다.

2030 미래선택세대 여러분!

태초부터 사람은 자기애가 강하지만, 타인의 감정과 행위에도 관심을 갖고 공감하는 능력을 지니고 있습니다.

현 정부의 사람중심 경제정책은,

'인간 본성에 대한 깊은 성찰' 과정을 통해서만 그 빛을 발휘할 수가 있겠는데, '인간 본성에 대한 깊은 성찰(기회와 진행의 공정성과 결과의 합리성을 당연시 하는 대한민국 국민들의 자유민주주의 체제속의 자본주의 욕망)' 과정을 거치지 않고, 오히려 획일적 평등주의 정책만을 고집하고 있기 때문에 성공할 수 있는 정책이라고 할 수가 없겠습니다.

2030 미래선택세대들에게는,

'IoT(사물인터넷)' 이념국가를 지향할 수 있어야 하겠으며, 자유민주주의 체제 속의 자본주의를 선호하는 경제적 자유('행복의 경제')를 마음껏 누릴 수 있는 4차산업혁명 선도국가 도약을 할 수 있게 하는 '법률개정(김영란법 폐지, 노동법 개정, 공공기관 및 공기업 정원 33% 감축 등)'을 할 책임과 의무가 분명하게 있습니다.

2030 미래선택세대들은,

창의력과 도전정신을 회복시켜서, 대한민국을 4차산업혁명 선도국가로 도약시키게 하는 이상과 열정의 모습을 창출시켜야 하겠습니다.

2030 미래선택세대들에게는,

누구나 꿈을 꿀 수 있는 4차산업혁명시대에서 선도국가로 도약시킬 수 있게 하는 분명한 능력이 있기 때문입니다.

2030 미래선택세대 여러분!

"희망은 실패하는 데서 끝나는 것이 아니라, 포기하는 데서 없어지는 것임을 알아야 한다"라는 김희중 대주교님의 고언도 받아들일 수 있어야 하겠습니다.

2030 미래선택 여러분!

대한민국의 지금 대다수 국민들은, '조금 덜 받더라도 당당하게' 일하고 싶어 합니다. 약자들의 절박한 호소는 이들의 생존권 보장을 위해서라도 당연하게 받아들여야 하는 대한민국이 되어야 하겠습니다.

현 정부의 최저임금 인상 정책 시행은,

거대 노조들의 불순한 목적에 이용당하는, 당장 폐기 되어야 할 정책입니다.

현 정부의 잘못된 최저임금 인상 정책으로 약자들의 소득이 1년 전보다 9.6%나 감소하고 있습니다.

정부의 공무집행과 국회 입법 제정은 이념과 정체성에서 벗어날 수 있어야 하고, 대기업을 적폐로 규정하는 '도덕적 당위성'을 혁파할 수 있게 하여야 하겠습니다.

2030 미래선택세대 여러분!

대한민국은 기회와 진행의 공정성이 분명하게 보장되었을 경우에는 결과의 차이를 존중하는 '결과의 합리성'을 인정할 수 있어야만 진정한 자유민주주의 국가가 될 수 있겠습니다.

대한민국은 국민의 생명과 안전, 그리고 필수적인 환경보호라는 중대한 이해가 걸린 경우만 제외하고는 네거티브 방식(자율)에 맡기는 공무집행국가가 되어야만 합니다.

4차산업혁명시대에는 '지식과 서비스산업'이 폭발적인데, 노동을 시간과 공간으로 관리할 수는 없겠습니다. (이병태 KAIST 테크노 경영대학원 교수)

2030미래선택세대들은 적폐가 만연하고 복지부동한 방법으로 공무집행을 즐겨하고 있는 대한민국의 '권위주의적인 공무집행시스템'을 자유롭고, 개방적이고, AI 51% 결정을 인용하는 '변경되는 공무집행 시스템(Private Block Chain network System)'으로 변경시킬 수 있도록 한 마음의 목소리를 낼 수 있어야 합니다.

2030 미래선택세대들은,

2030년까지는 공공기관 및 공기업의 정원을 33% 감축하는 법률개정을 하기 위해서 **2030미래선택을 지향하는 정당** 등과 적극적인 연대를 하여야 하겠으며, 이로 인하여 절약되는 국가 예산 절감 추정액(360조 원 이상)으로 '국가경제활성화비용(법인세 등 각종 세금인하로 발생되는 국가 재정 감소분)' 충당과 '노동자복지향상 비용 충당' 및 '인구절벽 해소비용', '고령자 생활 복지비용', '청년일자리' 및 '장년 일자리 창출비용' 등에 충당할 수 있게 하여야 합니다.

또 '남은 국가 예산 절감액'과 모든 기업과 고소득 국민들이 매년 국가에 납부하는 세후이익의 10%인 '특별사회공헌금' 입금액과 (BBAS 51% 인용)'변경되는 국가공무시스템'으로 매년 절약되는 '국가예산절감예상액 (82~240조 원)'을 모두 '대한민국 국가 부채상환' 등에도 사용하게 하는 정책을 시행해야 하겠습니다.

2030 미래선택세대 여러분!

대한민국의 대통령은 세계 7위의 경제국가인 대한민국을 위해서만 존재의 이유가 있습니다.

광주형일자리 창출정책은 담당자에게 모든 권한을 일임하고, 절박함으로 눈물 짓고 있는 700만 명의 소상공인과 360만 명 중소기업들의 피눈물을 없게 하는 악법 폐지와 좌·우 이념, 기득권세력(귀족노조 포함) 혁파에 전력을 다하는 공무집행을 하여야 하겠습니다.

대한민국 대통령은,

공무원연금법과 국민연금법을 즉시 개정하는 정책을 시행하고, 2030년까지 129만 명의 공직자수를 85만 명으로 감축시키는 정책을 시행하는 대한민국을 위한 대통령이 되어야 하겠습니다. 또한 100만 명에 달하는 대한민국의 기존 공직자에게 4차 산업혁명 시대를 위한 디지털 전문가 교육을 시킴으로써 '변경하는 공무집행시스템(BBAS 51% 인용 결정정책)'을 성공시킬 수 있는 공무집행을 하여야 합니다.

2030 미래선택세대 여러분!

인건비만 년 40조 원에 달하는 현 정부의 공공부문 81만 명 비정규직의 정규직화 정책 시행비용은 자유민주주의 체제하의 자본주의를 부정하는 사회 민주주의가 지향하고 있는 정책으로, 〈대한민국 헌법 제11조〉에 위배되는 폐지되어야 할 정책임을 분명하게 알고 있어야 하겠습니다.

포용적 자유 민주주의는 **2030미래선택세대** 여러분에게도 기회와 진행의 공정성을 보장해 주면서 결과의 합리성까지도 담보해줍니다. 그리고 '사회적 약자들(스스로 독립경제가 불가능한 소외 계층과 저소득층)'을 보호하는 정책이기도 하겠습니다.

2030 미래선택세대 여러분!

2030 미래선택연구소에서는 해외여행객을 국내에 유치(환원)시키기 위함으로 **'산악케이블카', '산악열차', '리조트 활성화 정책'**을 개발하여서, 내국인 해외 여행객 50%를 국내에 유치케 하여, 매년 4조 2,000억 원의 수출 효과와 '상향파악(밀레니얼세대들 국내여행 활성화)'하는 관광 정책 등으로 매년 10조 원 이상의 국부 창출이 될 수 있게 하겠습니다.

그리고 '각종세금(법인세 15%, 상속세 30%, 증여세 30%, 증권거래세 10%)'을 '세계적 경쟁력 우위선'까지 인하시키는 정책 개발을 하겠습니다.

2030 미래선택세대들은,

자유와 책임의 한계가 분명하게 정리되기를 원하며, 자신들에 우선하여 국가의 공동선을 생각하는 것을 당연시합니다. 능력 있는 사람은 마음껏 능력을 발휘할 수 있기를 진심으로 응원하며, **성공한 이들이 성과를 자유롭게 향유**하면서, **스스로 사회적 책임을 다하는 것은** 인정합니다.

2030 미래선택세대들은,

현재까지는 대한민국 4차산업혁명의 모든 정책에서 철저하리만큼 소외되고 있는 사실이 분명합니다. 그렇다고 '우린 버림받은 세대다'라고 단정하면서, 원망만 하지 말고 **4차산업혁명시대에 주관자일 수밖에 없는 책임과 의무이행을 할 수 있어야** 하겠습니다.

2030 미래선택세대 여러분!

대한민국의 공적 기관과 공기업의 방만함으로 (청년)2030미래선택세대 여러분의 '평등, 공정, 정의'를 보장받지 못하게 하고 있습니다.

지금 정부는 2030미래선택세대 여러분의 피눈물인 국민혈세로 '**평등성을 훼손하는 임금지급**'을 하고 있으며, '**공정성을 훼손하는 연금손실 부분을 보충**'하려 하고 있고, '**정의를 짓밟는 이념 정치와 기득권 세력만을 이롭게 하는데 무소불위의 전력**'을 행사하고 있습니다. 현 정부의 관제민족주의 정책은 배격되어야 하겠습니다. 〈최장집 고려대 교수〉

2030미래선택세대 여러분!

북한의 경제개발에 우리가 주도권을 잡을 필요는 없습니다. 그것은 대한민국의 4차산업혁명 선도국가 도약에 걸림돌이 되는 선택과 집중의 문제이기 때문입니다.

(1020)**2030 미래선택세대들**은 북한의 핵 동결과 대한민국의 전술핵 재배치 정책으로 불안을 해소시키고, 북한의 경제우선정책 시행으로 **세계의 더 많은 자본과 기술이 북한으로 갈 수 있게 도와주는 정책**을 선호합니다.

북한의 핵 포기는 대한민국의 4차산업혁명 선도국가 도약에 경제적인 걸림돌이 될 수도 있기 때문입니다. 대한민국은 **북한의 핵 포기 대가를 온전하게 책임지기 위한 국가재정지출은 절대로 하면 안 됩니다.**

최소한 4차산업혁명시대의 대한민국에서는,

당사자가 되는 **2030미래선택세대들**의 '평등, 공정, 정의'가 짓밟히지 않게 되는 정책시행이 필요하겠습니다.

2030 미래선택세대 여러분!

대한민국의 복지 확대는 **재원이 아닌 경제윤리의 문제**라고 합니다. 인간의 존엄성은 스스로 결정하고, 그 결과를 스스로 책임지는 정신에서 시작됩니다. 정부가 개인의 삶을 모두 책임지겠다는 정책 시행은 '치명적인 자만'이고, '인간의 존엄을 파괴하는 폭정'을 부르며, '시민의 독립성을 저하'시키면서 '복지의존심만 키우게 되는' 잘못된 정책이겠습니다.

또한 사람들의 '추진력과 진취성', '끈기와 인내심', '모험심' 등 국가 발전에 필수불가결한 도전정신과 창의정신을 말살시킬 수 있는 정책이기 때문입니다.

현정부의 '포용적 사회보장 체계구축'을 위함으로 향후 5년간 332조 원의 국민 혈세를 사용하여서, 저임금근로자 비중을 18%로 축소시키고, 상대 빈곤율을 15.5%로 감소시키며, 사회보장서비스를 10.7% 확대시키는 한편 2021년도부터 고교무상교육을 확대하겠다는 청사진을 발표하고 있습니다.

하지만 대한민국의 복지 향상은 획일적 평등주의 정책이 아니었을 때만 가능하겠습니다. 또한 소득주도성장정책으로 최저임금을 획일적 평등주의 정책으로 일괄하여서 인상하게 되면 근로자 노동시간 감소로 소득이 오히려 감소하게 되며, 소폭 증가한 소비의 60%는 해외로 유출되기 때문에, 정부의 최저임금인상으로 소비가 증가해서 소득 성장이 된다는 정책은 투자, 고용 감소로 잠재성장률까지 떨어지게 하는 모순된 정책이 되겠습니다.

2030미래선택세대들만이라도 미래를 좀먹는 소득주도성장의 허상을 분명하게 알고, 부정할 수 있어야 하겠습니다.

4차산업혁명
선도국가도약을 위하여서
2030미래선택연구소에서
개발하고 있는 정책들

대한민국
공직자정책

대한민국 공공기관의 공무원(입법, 사법, 행정, 군인 포함 129만 명)과 공기업근무자(338기관, 44만 명)에 근무하는 모든 공직자는 '국민들의 혈세'만을 사용합니다.

가. 대한민국의 공공기관(입법, 사법, 행정)에 소속되어 있는 각종 위원회는 정책 결정의 지배구조 개선을 위해서 모두 폐지합니다.

나. 대한민국 공무원(군인포함 129만 명)의 정원을 30%(40만 명)을 감축한다. 단, 기존 공무원 숫자는 감축하지 않고, 매년 신규로 모집하게 되는 공무원 수에서 10년 동안 단계적

으로 축소하며, 신규 모집 공무원은 모두 4차산업혁명 핵심 인재(빅데이터 기술자와 도덕적 윤리지도사) 재교육을 이수토록 한다. 그리하여 대한민국의 모든 공공기관은 '프라이빗 블록체인 네트워크 설치로 Big data AI 정책결정을 51% 이상 인용하는 공무집행'을 하게 함으로써 국가 예산의 20%(약 82조 원)를 절약하는데 일조할 수 있게 합니다.

〈삼성경제 연구소 통계 자료 인용〉

다. 대한민국 모든 공기업(338개 기관 종사자 44만 명) 종사자의 정원 20%(9만 명)를 감축한다. 단, **기존 공공기관 종사자는 감축하지 않고**, 매년 신규로 모집하게 되는 공기업 종사자의 정원에서 10년 동안 단계적으로 축소 모집하며, 신규모집 공기업 종사자들은 모두 빅데이터 기술자와 도덕적 윤리 지도사로 채용하고, 기존 공기업 종사자들에게도 빅데이터 기술 재교육과 도덕적 윤리 지도사 재교육을 이수토록 한다. 그래서 대한민국 모든 공기업은 프라이빗 블록체인 네트워크 설치로 'Big data AI 정책결정을 51% 이상 인용하는 공기업 업무집행'을 하게 하고 이를 통해 국가 예산의 20%(약 82조 원)를 절약하는데 일조하도록 한다.

라. 대한민국의 행정부는 '국민의 혈세를 적게 지출하는 작은 정부', '오로지 봉사만하는 공공기관'으로만 존재해야 합니다. **행정부의 수반인 대통령은 국민들로부터 5년 기간만 임명되었음을 명심하고, 핌투**(내 임기동안만 좋으면 된다: Please in my term of office) **정부 정책을 부정할 수 있어야 합니다.** 〈미국 경제성장 이끄는 '작은정부' 원칙 벤치마킹〉

마. 대한민국의 행정부는 정부가 결정하여서 준비한 정책에 대한 예산을 편성하여, 신설되는 (독립기관) '국가재정위원회'에 이첩시켜서 국가재정위원회의 심사를 거친 후에 국회의 동의를 받은 예산으로만 장·단기 정책을 집행하고 감독하여서 완성하는 것으로 공무집행을 종료해야 합니다.

바. 대한민국의 입법부는 오로지 국가와 국민을 위해서만 그 존재의 가치가 있으므로, 의원 각자가 소유하고 있는 '기득권'이나, '각종이념', '특정 지역'만을 위하는 법률개정을 발의할 수 없어야 합니다.

사. 대한민국의 사법부는 국회에서 제정하는 법률을 근거로 하고, 유수의 판례들을 'Big data AI 결정의 51% 이상을

인용'하여야 하며, 현재 시행되고 있는 양형기준 내에서만 판결하고 집행할 수 있도록 합니다.

아. 대한민국의 모든 공공기관은 때때로 실패하는 정책 진행을 할 수 있어도 대한민국의 공직자 개인이 피해를 입지는 않습니다. 대한민국의 모든 공직자들 가운데에는 자신들 개인 문제라면 절대로 하지 않을 국민의 혈세지출을, 국가 예산이라고 '오늘도 지출하고 있고', '내일도 지출할 것이며', '모레도 분명 지출하게 될 것'입니다. 이는, 공직자 스스로가 국기를 문란시키고, 국민의 생존 권리를 침해하게 되는 것입니다. 대한민국의 공직자들은 행정부 수장(대통령)이 바뀐다고 하여서 국가 정책의 연속성을 임의로 무너뜨릴 권리가 없습니다.

자. 대한민국의 공직자들 가운데에는 자신들이 잘못된 공무집행을 하였음에도 잘못된 공무집행에 대한 실패를 인정하고 책임을 지지 않으며, 공무집행 성과가 별로 없다고 하여 전임자의 공무집행 잘못에 대한 책임을 묻지도 않고 있는 복지부동으로 '애꿎은 국민의 혈세'만 계속해서 낭비시키고 있습니다. 그 규모가 '티끌 모아서 태산'이 되고 있

음을 명심하여야 합니다.

저희 2030미래선택 연구소에서는,

대한민국의 모든 공직자와 공기업종사자들이 국민의 혈세를 낭비할 수 없도록 하는, '프라이빗 블록체인 네트워크시스템'을 모든 공공기관과 모든 공기업에 설치하여서 '빅데이터 인공지능(BDAI) 결정을 51% 이상 인용'하여서 완성된 정책으로만 공무 집행을 하도록 정책 개발을 하였습니다.

이로 인하여서, 대한민국의 모든 공직자와 공기업 종사자들도 대한민국의 국가 예산을 매년 20%(약 82조 원) 절약시키는 데 당당한 일원이 될 수 있게 할 것입니다.

차. **현재의 대한민국의 공직자와 공기업 종사자는 국민의 평등권을 많이 침해하고 있습니다.** 대한민국의 공시족 41만 명을 BBAS 전문인력으로 재교육시키는 국가교육정책 변경이 필요하겠습니다. 정부가 시행하고 있는 17만 명의 공무원 증원으로 30년간 급여 명목으로 327조 원의 국가 혈세가 사용되어야 하며, 이들의 연금 명목으로 92조 원의 국가 혈세가 사용되어야 합니다. 국가가 모든 정책에서 국가 재정을 확장적으로 지출하게 되면, 그 피해

는 오로지 (1020)2030미래선택세대들에게 오게 되었습니다. (1020)2030미래선택세대들이 일치단결하여서, 현 정부의 획일적인 평등주의 방법인 확장재정정책을 폐지케 하여서, 헬조선의 아픔을 치유하여야 하겠습니다.

카. 대한민국 공무원 정년 연장정책시행으로 공무원 연금 부담해소하고, 신규 공무원 최소 채용으로 공무원 수를 33% 감축시킴으로써, 국가 재정을 절약할 수 있는 '변경하는 BBAS 51% 인용 공무집행정책'으로 '작은 정부', '할 일을 제대로 할 수 있는 4차산업혁명정부'로 거듭날 수 있게 하겠습니다.

『인스턴트 경제학』 저자 티모시 테일러는 "빈곤의 올가미를 해체하기 위해 현금이 아닌 서비스의 형태로 재활을 지원해야한다."라고 합니다. 빈곤 탈출 명목으로 돈을 단순히 나누어주는 것보다는 '일'과 '재기' 의욕을 고취하고 성장하는 경제에서 소득을 받아들일 수 있도록 돕는 정책이 필요하다고 합니다. 학생들에게 무상급식, 무상교복 무상수업을 받게하는 데 무상복지 예산을 지출하는 것은 좋은 정책입니다. 이는 2030미래선택세대들이 선호하는 '기회의 평등'에 부합하기 때문입니다. 또한 청년수당, 출산장려금, 노인수당 지급을 위한 무상복지예산을 지출하는 정책 역시 '기회의 평등'에 부합하는 정책이겠습니다.

타. 공무원들의 복지부동을 혁파하기 위한 정책으로 '변경하는 공무집행시스템(BBAS 51% 인용하는 공무집행)' 정책 시행과 함께 규제샌드박스 정책 시행과 공무원의 '본허가 기간 법제화' 의무이행 정책시행이 필요합니다. 대한민국 공무원의 소극행정은 국민들의 기본권을 침해하고, 국가 경쟁력을 저하시키는 신 적폐이기 때문에 이를 해결할 정책을 개발하겠습니다.

대한민국 외교, 안보정책

1) 외교

① 대한민국은 북한정부의 적화야욕 때문에도 국가대외 경쟁력에 문제가 크겠지만, 북한 정부가 대한민국 정부와 함께 공멸하는 자폭테러 국가가 아니라는 전제하에서는, 중국과 일본과의 절대절명의 생존경쟁에 따른 '국가대외경쟁력 침해'보다는 덜하겠으며, 더 이상은 중국의 '대한민국을 속국이라고 주장하는 망상'과 일본의 '시기와 질투심 전략'에도 휘둘리지 않아야 하는 자존감 지키기 정책이 필요합니다.

② 대한민국 청소년 세대들과 2030 미래선택 세대들만이 감당하여야 하고 책임져야만 되는 4차 산업 혁명시대의 우리나라는 최소한 향후 10년 동안은 중국, 일본, 북한으로부터 자존

감을 지켜내는 정책이 분명하게 필요하겠습니다.

③ 미국과는 핵공유 협정을 체결(전술핵 한반도 재배치 및 해상순항미
사일 한반도 배치)하여야 하고, 강력한 안보 및 경제 동맹 체제
를 더욱 견고히 하여서 대북한정부에 대한 핵안전보장을 받
게 하는 정책을 개발하겠습니다.

④ 중국과는 냉정한 상호간의 윈윈 정책을 추구하는 현상유지정
책을 시행하여야 하겠으며, 일본과는 '후지산 재분화 가능성'
을 염두에 두는, '힘들 때 진정한 이웃이 되어주는 것을 약속
함으로써 서로의 앙금(시기와 질투)을 풀자!'는 정책 개발을 하
겠습니다.

⑤ '북한(김정은)과는 향후 10년간은 유일한 당사국정부로 인정하
고, 향후 10년간은 남북 통일도 원하지 않는' 정책개발을 하
겠습니다.(국민 77.1%가 통일보다 경제문제를 중요하게 여겨 통일문제
는 2030년부터 진행한다.)

⑥ 북한(김정은)정부에게는 체제유지를 할 수 있도록 충분한 유
상지원(인프라구축)과 무상지원(북한동포최저생계비)을 하여서, 향
후 10년 내에 경제적 자립을 할 수 있게 해주는 '경제적 동반
자정책'을 시행하겠습니다. 또 북한의 매장된 광물(잠재적 가치
3,000조) 개발정책으로 대한민국과 북한정부 모두의 GDP를
향상시키는 정책을 개발하겠습니다.

⑦ 북한 김정은 정부와는 향후 10년 동안 10조 원(매년 말에 1조 원씩 지급)을 무상지원(묻지도 따지지도 않는 조건)하는 조건부로, '상호불가침협정'을 체결한 후에, 대한민국은 '4차산업 혁명 선도국가로 도약할 수 있는 기회를 확보'하고, 북한 김정은 정부는 '체제유지 담보'와 '주민생활 향상 기회확보'를 할 수 있는 상호 윈윈 정책을 개발하겠습니다.(비핵화 비용대체정책)

⑧ 대한민국은 북한 김정은 정부와의 '상호불가침조약'을 체결 함으로써 대외 경쟁력을 향상시킬 수 있는 ICT 산업 초격차 경쟁력을 계속 발전시킬 수 있게 되며, '세종대왕과 이순신 장군의 호국정신'에 'IoT이념'을 추가시킴으로써, 2030미래 선택시대인 2028년까지 4차산업혁명 선도국가로 도약시키 게 하여서 '수출2조 달러', '수입 1.8조 달러', '국가경쟁력 세 계3위', '국민소득6만 달러' 목표를 달성시킬 수 있게 하는 정 책을 개발하겠습니다.

⑨ 중국, 일본, 러시아, EU와는 냉정한 상호 윈윈 정책으로 현 상유지를 목적으로 하고, 인도, 베트남, 미얀마, 필리핀, 인 도네시아, 남아공, 멕시코, 캐나다, 브라질, 칠레, 아르헨티 나와는 신경제동맹 관계정책을 시행하겠습니다.

2) 안보정책(순수방어개념)

① 5세대 스텔스기 도입으로 평양 방공망을 뚫고 정밀타격이 가능한 킬체인(Kill chain)을 확보한다.(F-35A, 2021년까지 40대(4조 원) 구입실전 배치완료)

② KF-X 사업육성정책으로 국방예산의 10%를 R&D에 지출한다.

③ 국방 AI융합센터("AI기반물체추적, 인식기술개발")를 창설한다.

④ 정부의 국방개혁 2.0에서 'K-9자주포부대(1-2단계)'와 '기계화부대(3-4단계)'는 휴전선 비무장화 대비책으로 현 상태대로 전방에 존속시킨다.   〈고상두 연세대 교수〉

⑤ 현역사병을 65만에서 40만으로 감축하여서 정례화시키고, 강군으로 육성하며, 이공계 대체 복무제도를 부활시킨다. 연간 600명의 병역거부자들에게는 현역 복무 기간보다 더 길게 대체 복무를 시키고, 현역 사병보다 난이도를 높게 대체 복무시키는 정책을 개발하겠습니다.

⑥ 수출형산업구조로 전환시키는 국방개혁을 하여서 병력 중심에서 기술, 장비 중심으로 국방 개혁을 완료함으로써, 'Kill chain(선제타격)', 'KAMD(한국형 미사일 방어체계)', 'KMPR(대량응징보복)' 전력을 조기 완성시키는 정책을 시행하겠습니다.

⑦ '병력감축(40만 명)', '전투중심의 강군육성', '킬체인 완성' 등으로 절약되는 국방예산 20조 원 중에서 10조 원은 북한 김

정은 정부와의 10년간 불가침협정금으로 지급하고, 나머지 절약되는 10조 원은 감축된 병력(40만 명)의 사회정착지원금으로 사용하는 정책을 개발하겠습니다.

⑧ 기존 미군의 '사드방어체계'는 6기로 확충 배치하고, 미국과의 핵공유 협정 체결과 강력한 안보동맹 체제를 존속시키는 정책을 개발하겠습니다.

⑨ 국방과학연구소에서 세계적인 첨단 무기(고(高)에너지 레이저, 양자기술, AI기술, 무인자율센서, 드론 등 혁신기술)를 독자개발하고 우주과학 R&D자금을 확충하는 정책을 개발하겠습니다.

⑩ 북한 김정은 정부가 IS(자살특공대)처럼 자살핵폭탄을 사용하지는 않는다는 판단을 전제하에, 북한 김정은 정부의 비핵화 문제는 미국과 UN에 해결방법을 요청하는 정책을 개발하겠습니다. 미국과는 최신, 최고성능의 무기수입계약과 주한미군주둔비용의 현실적인 부담정책으로 더욱 강화되는 안보강화 동맹관계를 구축시키겠습니다.

⑪ 현재 북한은 장마당 경제에서 국영기업 정책경제국가로 변경됨으로써 남·북 경협의 중요성이 약해지고 있기 때문에, 북한 경제 발전을 대한민국 경제발전의 한 축으로 생각하는 현 정부의 경제 정책은 변경되어야 하겠습니다. 북한 경제는 세계 국가와 윈윈하는 정책으로 용인하여서, 실질적인 대한민

국 국익(2030미래선택세대들 시대)을 우선하는 경제정책으로 패러다임의 전환이 필요하겠습니다.

⑫ 대한민국도 국방용 G.P.S(위성항법장치) 시스템을 2024년까지 완성시켜야 하겠습니다. '우주'와 '사이버', '전자파공격능력'을 배가하지 않으면 '북한의 특수작전군단(218,000명)이 이미 비무장지대화 되어 있는 휴전선을 단숨에 침투하여서 대한민국을 전복시킬 수 있게 되기 때문입니다."

〈김경민 한양대 교수〉

3) 북한의 비핵화 정책에는 유연성을 갖출 정책시행이 필요가 있겠습니다.

〈대한민국 헌법 제66조 2항〉 "국가의 독립영토의 보전", "국가의 계속성과 헌법 수호를 위태롭게 하는 정책은 제거한다"에 따라서 핵우산 신뢰성을 담보해 주게 되는 미국의 전술핵을 재배치시키는 한미동맹을 강화하고, 북방 위협에 대응키 위한 '선제타격', '탄도미사일방어', '워리어 플랫폼 구축(육군차세대 개인전투태세)', '한국형 응징 보복확대'하는 전략사령부 창설로 강력한 국방개혁을 하여 대한민국의 자결권을 회복하는 정책개발이 필요하겠습니다.

〈박휘락 국민대 정채 대학원 교수〉

4) 대한민국 국가 산업 우선 정책으로 핵융합 연구소의 한국형 인공태양인 '한국형 초전도 핵융합 연구장치(KSTAR)'에서 세계 최초로 2018년 1억 도의 초고온 달성 실험을 성공함으로써, '핵융합'이 우리나라에서도 공학적으로 구현되는 단계에 이르고 있으므로 이를 국방력 확대정책으로 개발할 필요성이 있겠습니다.

〈이경수 ITER (국제 핵융합실험로) 기술총괄사무차장〉

5) 대한민국은 북한 핵의 가면극을 직시해야 합니다. 동시에 대한민국도 핵무장론에 대한 논의가 필요합니다. 대한민국은 국방정책으로 KF-X(공대지미사일) 독자개발이 필요합니다. 대한민국은 국방정책으로 WMD(북핵 대량 파괴무기) 도입이 필요합니다. 대한민국은 『2018국방백서』에 명시되어 있는 '북한암살전문특수부대(전방에 배치된 세계 최대의 조선 인민군 218,000명의 특수작전부대) 침투에 대비한 정책개발이 필요합니다.'

6) 대한민국은 한미동맹의 군건함을 맹신하지 말아야하며, 북한에 대한 선의의 정책을 폐기하고, 일본의 친중, 반한 정책에 대비하는 정책개발을 분명하게 하여서 현 정부의

북한군 위험성에 대한 '무관심', '무대책', '무책임'의 외교 정책들을 (1020)2030미래선택세대들이 부정할 수 있는 정책개발이 필요합니다.

7) 중국이 개발에 성공하고 있는 '전자기함포(레일건)'를 대한민국의 국방연구소에서도 개발할 필요성이 있습니다.

8) 밀리테크(militech)4.0(자율비행 스텔스, 인공지능군인)[1], 10대 기술(① 5G, ② AI, ③ 퀀텀컴퓨팅, ④ 스마트센서, ⑤ 레이져, ⑥ 사이버보안, ⑦ 나노소재, ⑧ 베타물질, ⑨ 바이오테크, ⑩ 수소연금) 기술개발이 정말 필요합니다.

9) 4차산업혁명시대에 육성해야 되는 9개 신산업(AI, 지능형반도체, 차세대 디스플레이, 2차전지, 가상현실(UR) 등 실감형 콘텐츠, IoT 가전, 지능형 로봇, 바이오텔스, 자율주행차)을 연계하는 핵심소재, 장비 등 기업과 국방산업역량 강화를 위한 M.O.U를 함으로써, 대규모 테스트베드 구축 및 실증사업을 확대하는 정책개발이 필요합니다. 〈산업연구원〉

---

1. 밀리테크(militech): 군사(military)와 기술(technology)의 합성어로 '전쟁의 승부를 판가름하는 핵심기술'이고, 상업기술의 원천이다.

10) 우주입자 연구시설(AFF)과 기초과학연구원(IBS)의 IBS 우주입자연구시설(정선 함덕 철광산 내)과도 M.O.U를 하는 정책개발이 필요합니다.

11) 김용우 육군참모총장의 워리어 플랫폼(한국형 미래보병) 설치로 드론봇 전투체계, 백두산 호랑이 전투체계(AI에 기반을 둔 초연결 지상전투체계)를 완성하는 국방력 강화 정책개발이 필요합니다.

12) 이공게 병역특례제도를 부활·육성시킴으로써, 국방력 증강관련 이공계 전문연구요원(석·박사 자격소지자)을 5,000명으로 확대하여서, militech 4.0 정책의 완성에 일조케 한다.

13) 방위산업은 "감시대상"이 아닌 국가 신성장동력으로 하는 "무기 개발단계부터 책임소재를 분명히 하는 예방적 감시체제"를 BBAS 51% 인용시스템으로 구축하여서 방위력개선비(2018. 13조 5203억 원)로 대한민국 국방규격을 통일시키는 정책개발이 필요하다.

대한민국
교육개혁정책

대한민국 학생들의 다양한 특성과 잠재력을 수용하여
미래의 동량으로 성장시키는 것이다

1) 교육감 직선제는 완전하게 폐지하고, 독립기관(4차산업혁명
위원회) 산하에 배속시킨다.

2) 2030미래선택연구소(Co.)에서는 '공교육을 최정상급으로
하는 정책을 개발하여서' 학생 유토피아를 실천하는 정책
을 개발하겠습니다.

① 수능을 완전하게 폐지하고, 공립학교 교사들만이 출제위원
이 되는 '연간 4회의 교육부시행 공교육 시험'으로 대체한다.

② 특목고는 완전히 폐지하되, 과학고만 변형하여서 존치시킨다.

③ '창업기초교육 3년(현 고등교육기관)'과 '창업전문교육 4년제'를
실시하여서 4차산업혁명 맞춤형으로, 숙련된 인재를 육성시

킨다.

④ 스템(STEM) 교육과 대안학교 수준 향상 정책을 시행한다.

⑤ 교사들에게 인센티브 제공 및 해외 연수기회를 제공하는 교육의 질 향상 정책을 시행한다.

⑥ 연 2조 원이 필요한 고교무상교육과 고교무상급식정책을 시행한다.

3) 교육부는 중소기업진흥공단과 M.O.U를 체결하고, '창업사관학교' 전국 17개('1930 청년 CEO배출', '매출 1조 1,769억 원', '지재권등록 4,167건', '일자리 창출 4617건') 육성 정책을 시행함으로써 청년(15~29세)들이 취업에서 소외되는 고졸 취업층을 활성화시켜서 선취업 후학습 제도를 정착시키겠습니다.

그리고 중소기업 취업 대학생의 등록금 전액을 국가에서 지급하겠습니다.

4) 교육체계는 '토론위주 수업진행'으로, 중등교육과정으로 기본교육을 완수하고, 고등교육 기간은 충남 태안고를 벤치마케팅하는 '창의적인 인재육성교육(창업교육 50%, 도덕적 윤리교육 20%, 인문교육 30%)'을 실시한다. 또 대학교육은 '4차산업혁명선도 대학교육과정'으로 하며, '창업전문교육(50%)', '도덕

적 윤리규범교육(10%)', '인문교육(40%)'으로 분리하여서 교육한다.('창업전문교육은 빅데이터 전문가 교육을 중점적으로 시행한다.')

5) 기업 R&D 투자액 10%를 의무적으로 대학연구비에 충당케 하고, (기업의 R&D 투자금은 국가로부터 'SELS 규정(국가가 일정부분 상계처리 하여서 보상해주는 규정)을 보장받게 한다.

6) 교육비는 창의적 인재육성 교육기관과 창업전문교육기관 중에 창업전문교육생과 도덕적 윤리규범교육생까지 모두 무상으로 실시한다.

7) 대학원 교육은 이공계 창업전문교육졸업생에 한정하여서 매년 200만 원의 연구비 지원과 무상교육을 시행한다.

8) 국가가 기업에 주는 'R&D자금은 상향식 방법으로 집행하되', 대학원생, 석사, 박사 개인에게 우선 지급하고, 이들이 'BBAS 51% 인용하는 업무집행 조건'과 '창투기업, 중소기업과 M.O.U 체결하는 조건' 이행 시 지급한다. 공공기관의 R&D 또한 대리급부터 창투기업이나 중소기업과 M.O.U를 직접 체결하는 조건으로 개인에게 지급하고 '공

공기관 연구소에서는 보좌 역할에 만족케 한다.'

9) 청소년 세대와 2030미래선택세대들이 맞이하는 미래의
교육은 디자인, 인문학, 예술, 저널리즘, 교양 과목들을 중
심으로 창의성에 중점을 두고 형태, 기능, 사람의 마음, 그
리고 기술의 힘을 재교육한다. 또 기업 모델을 교육과 연
결하고 학비를 면제하며 신입사원을 모집하는 기업에게만
국가에서 비용을 지원하는 교육 정책이 필요합니다.

10) 전국 대학 중에서 '창업우수대학(KIST, KAIST, 경운대, 한국산
업기술대, 숙명여대, 전북과학대, 오산대, 경남도립거창대, 대구공업대)'을
전국창업보육센터(전국265개 센터, 전국 5840개 보육창업기업)와
M.O.U를 체결케 함으로써 전국센터 1곳당 20개의 보육
창업기업에 국가예산을 각 3,000만 원씩을 지원합니다.
그리하여 1만 8,934명의 고용창출 효과와 1조 8,900억
원의 매출효과(상장기업 67개사 수준)를 창출하는 '산학연계교
육정책'을 개발하겠습니다.

11) 2030미래선택연구소(Co.)에서는 기존의 '폴리텍대학 신중
년 특화과정(4대 캠퍼스 3000명 규모: 2022년 4대 캠퍼스 4,000명 규모

^{확대)}'을 활성화시켜서 50~60세대들에게도 학습의 기회를 제공하는 정책을 개발하겠습니다.

〈교육기업 휴넷: 창업에 실패한 기업인을 찾습니다〉

12) 2030미래선택연구소(Co.)에서는 IB교육(IT교육: 인터내셔널 바칼로레아)을 본격적으로 시행하여서 학생들에게 교육 니즈를 충족시키는 정책을 개발하겠습니다.

(포스코 소속 재단의 10개 초, 중, 고교 IB교육과정, 현대자동차 정몽구 재단의 103개 미래역량교실, 하나은행의 사회 공헌: 어린이집 365곳 건립(예산 1,500억 원))

13) '2030미래선택세대'들과 청소년 세대들은 자신들이 책임 져야 하는 4차산업혁명시대의 대한민국 미래를 'IoT(사물인터넷)'이념으로 하는 정책을 선호하고 있습니다. 2030미래선택연구소에서는 2021년도까지 폐교 예정인 38개 사립대학교의 폐교 및 청산예산(2019년 1,000억 원 예산정책)을 활용하여서, 대학의 빈 공간을 기업 연구 센터를 유치함으로써 캠퍼스 산학연협력단지 조성(교육비 160억 원 책정)을 하게 하는 정책개발을 하겠습니다. 그리고 대학 졸업생 중 누적 비경제활동인구 367만 명에 대한 AI, BD, 5G,

SW 전문인력 양성 정책을 교육부와 M.O.U 하여서 시행하겠습니다.

2030미래선택연구소에서는 교육개혁이 IT 시대에 맞춰 미래지향적인 방향으로 나갈 수 있도록 정책개발을 하겠으며, 4차산업혁명시대 실생활에 도움이 되도록 교과 내용을 전면 개편하며, '학교 교육년수를 중등교육과정으로 마감하고', '고등교육과정부터는 창업, 창조교육 과정으로 개편함으로써' 청소년들의 노동시장 진입을 앞당겨 주어 금싸라기 같은 청소년기에 실업의 아픔을 없게 해줄 수 있는 정책개발을 하겠습니다.

대한민국의 4차산업혁명선도국가 도약은 (1020)2030미래선택세대들만이 해낼 수가 있습니다. 청년이 없는 대한민국의 장래는 없습니다. (1020)2030미래선택세대들이 자기들의 세상을 자기들 손으로 4차산업혁명선도국가로 도약시키는 꿈을 실현시킬 수 있게 할 책임이 기성세대들에게 있습니다.

〈구성열 연세대 교수〉

권오경 공학한림원장과 M.O.U를 하여서 미래 교육의 패러다임을 변경하는 정책개발이 필요합니다. 대한민국도 독일 MINT

교육프로그램처럼 초등·중등·고등 교육 과정에 이공계 인재 집중육성프로그램을 도입하여서 4차산업혁명시대에 꼭 필요한 200만 명의 AI, BD, 5G, SW 전문가 육성정책의 초석이 될 수 있게 하겠습니다.

14) 저출산, AI시대에는 특성화고(기초창업교육과정) 육성정책 등으로 교육과목과 교육방식도 전면 개편하는 정책 시행으로 초등·중등 교육과정에서 이공계 인재 육성프로그램을 도입시키고, 현재 고등교육과정은, 초등·중등 교육과정에 모두 이수케 함으로써, '고교졸업시기를 현재 중등교육졸업시기로 단축하고', 현재 고등교육은 문제의식이 강하고 창의성을 마음껏 발휘할 수 있는 기초 창업교육과정으로 교육 방식을 변경시킴으로써, 취업시기를 3년 앞당기게 되어, 노동력 공급을 향상시킬 수 있고, 청년 일자리 창출 효과도 얻게 되는 정책을 개발하겠습니다.

15) 지금의 세계는 4차산업혁명 성공을 위한 'AI 인재'가 100만 명 이상이 부족하여서 인재전쟁(talent war)을 하고 있습니다. 대한민국은 현재 AI 인재가 2,600명에 불과하여, 2030미래선택연구소에서 정책개발하고 있는, 200만 명

의 4차산업혁명핵심인재(IT전문가) 양성정책시행에 필요한 'AI핵심인재'(교수) 2,600명으로 감당할 수밖에 없는 현실에 직면하고 있습니다. 이에 서울시의 창의적인 인재육성방안으로 제시한 '서울시 6대 클러스트계획'인 '대안학교 프로그램', 'MICE 산업육성프로그램', '4차산업인재육성프로그램 등'과 M.O.U 하여서 정책개발을 완성시킬 것입니다.

16) 2030미래선택연구소에서는 도전을 두려워 않는 창의, 혁신으로 영감을 고취할 수 있는 교육시스템으로 빈곤의 대물림을 끊을 수 있는 스스로 생각할 수 있는 교육인 국·공립 학교 IB(인터내셔널 바칼로레아)교육과 (K-MOOC강좌, 미네르바스쿨, 에콜42 교육으로) 살아 있는 수업교육을 하는 정책을 개발하겠습니다. 이를 위해서 충북 교육청과 청주교대와 M.O.U 하겠습니다. 〈이혜정 교육과 혁신연구소장〉

"2030미래선택세대들은 과거의 짐을 지고 미래로 가는 것이 아니라, 현재보다 좀 더 나은 세상을 구현하기 위한 행동으로 현재를 이끌 수 있어야 합니다."
〈최상혁 NASA 랭글리연구소 선임과학자〉

17) 국가 교육 위원회 설치는 필요합니다. 하지만 대통령 소속의 합의체 행정위원회로 설치하면 안 되고 **변경되는 독립기관인 4차산업혁명위원회 소속으로 법제화해야 합니다.**

18) 2018년도 통계치(교육부, 통계청)에 따르면, 초·중·고의 사교육비가 매월 29만 1,000원이 (전체 19조 5,000억 원) 지출되었습니다. 이에 대한 정책 개발이 필요합니다.

19) 아주대와 미국의 미네르바스쿨(글로벌혁신대학의 아이콘)과의 협업강의 정책도 벤치마킹하겠습니다.

20) 제주교육청과 대구교육청에서 추진하고 있는 IB(국제바칼로레아) 한국어화 추진 정책과도 M.O.U를 하여서, "생각을 꺼내는 교육"으로, 대한민국의 미래인재를 육성하는 정책개발을 하겠습니다.　　　　　　〈이혜정 교육과 혁신연구소장〉

대한민국의 (1020)2030미래선택세대들은 "How"보다 "Where"을 우선하는 "어떻게 하면 성공할 수 있을까"는 4차산업혁명시대에 필요한 "어디서 놀아야 목적을 이룰 수 있을까"라는, 도전정신으로 가득찬 패러다임 전환이 "꼭" 필요하겠습니다.

〈카카오뱅크 윤호영 대표〉

대한민국
노동법개혁정책

"상급 기관 노조와 산업별 노조는 국가 정책의 한 축은 아니고, 단지 개혁의 대상일 뿐입니다."

대한민국의 근로자들만이 행복을 보장받을 권리가 분명하게 '헌법'과 '법률'에 명시되어 있음을 부정할 수가 없습니다.

저희 2030미래선택연구소(Co.)에서는, 대한민국의 근로자들과 대한민국의 대다수 국민들의 행복을 위하여서, 노동법 개혁정책을 개발하였습니다.

1) 대한민국의 귀족노조(상급기관노조)와 기득권에 함몰된 노조(산업별노조)는 모두 폐지시키는 정책을 개발하겠습니다.

① 대한민국의 기업별노조와 영세사업장 근로자 개인의 노조권 리만을 보장하겠습니다.

② 노동유연성을 확대시키고, 지난 정부의 양대 지침은 수정한 후 부활시키겠습니다.

③ '탄력근로제'(근로시간저축 계좌제 도입, 중소기업 특별 연장 근로제 확대, 계량 근로제 대상 탄력 근로제 기간 1년 확대제도)를 시행하겠습니다.

④ '근로자의 노동쟁의와 파업은 기업 내에서는 불가하고', 그 대신 근로자 추천, 사외이사제도 도입과 신설되는(독립기관) '갈등해소 관리 위원회'를 통하여서 근로자의 임금협상, 개인 복지를 보장받게 하겠습니다.

(SK이노베이션 물가연동 임금 결정, 포스코의 노경협의체) 또한 국가로부터 모든 근로자는, 모든 기업의 정관에 명시되는 '특별사회 공헌 기금'으로 '완전한 행복권'을 보장받게 하겠습니다.

⑤ 도산된 기업의 근로자도 '순수한 임금'만큼은 국가가 책임지게 하겠습니다.

⑥ 국민의 혈세로 임금을 받고 있는 공직자들의 '노동3권'은 불허한다.(이는 국민 개인들의 기본권을 침해하기 때문입니다.)

⑦ 근로기준법 제110조(특례 규정 삽입)를 개정하여서 '탄력 근무제(1년 연장) 시행', '고용허가제 시행', '경제사회 노동위원회법

개정'을 하겠습니다.

IOL 협약비준은 정지시키고, 이에 대한 노동자들의 권익향상은 신설되는 (독립기관)갈등해소 관리위원회에서 정책으로 해소시킨다. 최저임금 위원회 또한 (독립기관)갈등해소관리위원회 소속 최저임금 책정국가로 자체적인 독립성을 갖춘다.

⑧ 20대의 일자리를 침해하고 있는 '40~50대의 노동 기득권', '연공임금제도'는 노동법 개혁으로 해소시키겠습니다.

⑨ '40-50-60 세대'의 근로자들이 '더블케어'와 '트리플케어'의 이중고에서 시달리지 않고 노후 행복을 보장받을 수 있도록 노동정책을 개발하겠습니다.

⑩ 개별 공공기관 노조는 인정하되 일반 근로자들(기업별노조, 개인노조)과 동일하게 공공기관 내에서 쟁의와 파업은 할 수 없고, 신설되는 (독립기관) '갈등해소 관리 위원회'와 '전년도 물가 변동율에 연동하여 비례하는 임금 협상안'을 인정하게 하여, '개별 공공기관 근로자들에게도 완전한 행복권을 보장한다.'

⑪ 대한민국의 근로자의 90%가 노동조합의 혜택을 받지 못하고 있는 현실이 엄연하고, 기득권의 벽에 부딪친 청년백수와 일·가정 병행에 장애가 되는 낡은 고용관행 때문에 일하지 못하는 여성들이 즐비합니다.

이렇듯 현실이 엄연한데도, 민주노총의 오만과 시대착오적

정신 상태는 도를 넘고 있습니다.

민주노총의 노동운동이 고용경직성으로 소외시킨 절대다수 (90%)의 대한민국 근로자들을 외면하고 있음을 대다수 국민들도 피부로 확연하게 느끼고 있습니다. 대기업의 고용비중은 75% 이상 감소되면서, 제조업 고용자의 75%를 서비스업에 종사하게 만들어 대한민국의 행복지수를 최하위로 견인하고 있습니다. 이로써 대한민국의 공기업을 90% 사기업으로 전환시키는 정책을 시행함으로써 양대노총폐지와 산별노조를 폐지하는 노동법 개정의 필요성이 입증되고 있습니다.

⑫ 2020년 하반기 정기국회에서는 아래의 노동법을 개정할 수 있는 정책개발이 정말 필요합니다.

대체근로 부활, 직장 폐쇄 요건 완화, 사내쟁의 불가, 부당노동행위에 노조도 포함시킨다. 파견 근로제 단위기간 대폭 확대, 파업 시 대체 근로허용, 단체 협약 유효기간 5년 확대 (SK의 물가연동제 적용) 최저임금 결정체계 개선, 상급 노조, 산별노조 불가, 공공기관 및 공기업 노조 파업 불가, 양대지침 부활, 임금협상 파트너를 기업과 정부에서 (독립기관) '갈등해소 관리위원회'로 변경시킨다. 근로자의 최저행복권을 완전 보장한다.

⑬ 대한민국의 민주노총과 한국노총 및 산별노조는 옥상옥의 위

치에서 무소불위의 권력을 행사하고 있기 때문에 대한민국의 2,000만 명 근로자들 중 90%에게 불이익만 가져다 주며, 근로자 행복권을 침해하고 있다. 또 대한민국의 존재 근원인 한미동맹을 해체시키려 하며, 자유민주주의를 사회주의 체제로 변형시키기 위한 불순한 목적으로 투쟁을 위한 투쟁만 하고 있기 때문에 해체시켜야만 하겠습니다.

더구나 이들은 대한민국의 자유민주주의 국가체제하에서 자본주의 국가의 '결과의 합리성'을 부정하고 획일적인 분배를 요구하는 '결과의 획일적인 평등성'만을 요구하는 사회주의 국가이념만을 추종하고 있습니다. 때문에 대한민국 근로자의 10%에 불과한 이들이 꿈꾸고 있는 사회주의 국가 건설을 절대로 방치할 수는 없습니다.

⑭ 2019년에도 SK이노베이션 회사는 노사 상견례장에서 약속대로 소비자 물가 연동율(1.5%)에 따른 임금인상 합의를 하고 있습니다. 이는 대한민국의 10% 귀족노조와 산별노조들의 불순한 목적에 의한 투쟁·단결로 상징되는 소모적인 기존 노사 프레임에서 미래지향적인 신 노사문화 프레임으로 얼마든지 변경될 수가 있음을 입증하고 있습니다.

이러한 노사문화 속에서는 주주친화환경을 가속화할 수 있는 대표이사, 이사회 의장 분리, 기업경영 또한 새로운 기업문화 패러다임으로 정착될 수가 있겠습니다.

대한민국
근로자 행복보장정책

**상급 및 산별 노조는 국정의 한축이 아니고, 개혁의 대상일 뿐이며,
근로자 개개인만이 국가로부터 완전한 행복보장대상입니다.**

1) 근로자는 국가가 '상급노조(귀족노조, 사무금융노조)'와 '산별노
조'는 폐지하고, '기업별노조와 중소기업 근로자'만 인정하
는 노동개혁법 개정을 인정한다.

2) 근로자는 국가가 '노동유연성 확대', '노조 권한 축소', '해
고 요건 완화' 법률 개정을 인정한다.

3) 근로자는 신설되는 갈등해소관리위원회에서 기업을 대신
하여서 전년도 물가상승률만큼 임금을 인상하는 임단협에
동의하고(SK이노베이션 벤치마킹), 기업 내에서는 노동쟁의와
노동자 파업을 할 수 없게 되는(포스코노경협의체 벤치마킹) 법률

개정에 동의한다.

4) 근로자는 '탄력근로제시행' 법률개정에 동의하고, 최저임
   금인상을 단계적으로 시행하는 데 동의하며, 연장근로는
   기업별 노사협약으로 가능하게 하는 데 동의한다.(근로기준
   법 제110조에 특례규정 삽입 필요성)

5) 근로자는 상기 1)항 내지 4)항의 국가정책에 동의하는 것
   으로 근로자의 의무를 다하게 됨으로써 국가로부터 아래
   내용의 '근로자완전행복권'을 보장받는다.
   ① '근로자의 완전행복권 중 임금지급을 보장받을 권리는 기업
      의 도산 시에도 국가로부터 완전하게 보장받는다.'
   ② 근로자의 완전행복권 중 실업급여지급권을 180일로 연장하
      여서 보장받는다.
   ③ "근로자는 갈등해소관리위원회에 기업이 납부하는 특별사회
      공헌금 중 50%를 근로자완전행복권으로 사용할 수 있는 권
      리를 보장 받는다."

대한민국
중산층 복원정책

지금까지의 대한민국은, '운이 좋았거나', 돈이 많은 국민이 더욱 쉽게 부를 축적할 수 있는 공정하지 못한 시스템 경제 속에서 도시를 발전시키고, 설계하였던 부동산 우선 정책으로 아직도 집이 없는 서민들이 700만 가구에 이르고 있습니다.

앞으로 국가공기업(LH)은 상업용 건축을 할 수 없게 하여서, 오로지 집 없는 서민들과 인구절벽 해소정책에 동참하고 있는 출산가정을 위한 임대주택건설과 무상(15년 기한) 임대아파트 건설에만 전념케 하고, 재건축 승인조건으로 재건축을 위해서 지출되는 인프라(SOC) 비용은 재건축 조합원이 부담케 함으로써 절약되는 재건축을 위한 SOC 비용 또한, 서민들의 중산층 도약

프로젝트에 전용할 수 있게 하는 정책을 개발하겠습니다.

아울러 연봉 6,000만 원 미만 근로자들의 근로소득세는 완전하게 폐지시켜서 중산층 복원에 기여토록 하겠습니다.

1) 금융 신용등급 7~10등급에 해당하는 대한민국의 400만 명 서민들에게만 한정하는 '안심전환대출(연간 40조 원(우체국 유휴자금전용, 고정금리 2~10% 선택, 서민 1인당 3,000만 원 한도금액)을 하여 줌으로써 400만 명 서민들에게도 중산층으로 합류할 수 있는 기회를 제공하는 정책을 개발하겠습니다.

2) 대한민국의 모든 청년들에게 주민등록증 발급 전까지는 신용등급 발급 체계 자체를 없게 하고, 주민등록증 발급 시점에서 공정하게 최초로 신용 '1등급'을 부여하게 됨으로써, 청년들 스스로 사회생활을 책임질 수 있게 하는 공정 경쟁(진행의 공정성)을 보장하여서 중산층으로 도약할 수 있게 하는 정책을 개발하겠습니다.

3) 대한민국 성년(19세)이 되는 주민등록발부 시점에서 공정하게 신용 1등급을 부여받은 모든 청년들에게 생애 첫 신용대출(10년 거치 무이자 1,000만 원)을 하여줌으로써 중산층 도약

을 위한 공정 경쟁(기회의 공정성)을 시작할 수 있도록 보장해
주는 국가정책을 개발하겠습니다.

4) 대한민국의 모든 중산층 복원 정책은 '가난을 구제해 주는
   것이 아닌, 가난을 예방해 주는', 모두가 '공정한 자본주의
   경제'를 시작하게 하는 정책이 필요하겠습니다.

5) 대한민국의 모든 사회 구성원들이 공정한 자본주의 경제
   를 시작하게 됨으로써 강한 교육을 통해 더 많은 책임감을
   갖도록 하여서 빈곤층도 중산층으로 당당하게 계층 변화
   를 할 수 있게 하는 정책을 개발하겠습니다.

6) '국가가 운영하는 공기업에서 많은 이익을 창출하는 것은
   실패한 정책입니다.' 국가 기간산업을 제외한 모든 공기업
   을 매각하여서 사기업화 하여 이익을 극대화시키도록 기
   회를 줌으로써 더 많은 세제 수입으로 중산층 복원을 가능
   케 하는 강력한 재정 효율화 정책을 개발하겠습니다.

7) 매각되는 국가 공기업 지분을 전용하여서, '스타트업(신생벤
   처기업) 혁신펀드'를 조성하는 정책을 개발하겠습니다.

8) 저희 2030미래선택연구소(Co.)에서는 '중산층 복원 정책 개발'을 성공시켜서 대한민국 국민의 50%가 당당하게 중산층으로 복원될 수 있게 할 것입니다.

9) '문재인 케어'로 2018년 지출 5조가 추가되어서 건강보험 재정수지가 8년 만에 1,778억원 적자로 돌아섰다고 하지만, 현 정부의 중산층복원 정책을 위해서는 반드시 필요한 정책입니다. 건강보험 재정수지 적자에 대한 대비책으로, 다음과 같은 정책 시행이 필요하겠습니다.

① '탈원전 10년 유예정책시행(연 6조 국가경쟁력 향상효과)'

② 에너지 공기업 민영화(광물자원공사와 광해공단 통합)로 연 3.3조 원 이상 적자 해소정책

③ 'BAS 51% 인용정책'으로 인한 연 82조 재정절약정책

10) 대한민국의 재화와 부가가치 비율을 현행 42.7%에서 52.7% 상향시키는 정책이 필요하겠습니다. (2018년 대한민국의 재화와 서비스 총공급(총수요) 4,457조 6,000억 원이었음)

11) 중소·중견기업 상속세를 30% 이하로 하향조정하여서 이들이 중산층 복원에 앞장서게 하는 정책이 필요하겠습니다. 〈추경호 중소·중견기업 상속세 대폭 완화법 발의〉

2030미래선택 여러분!

2030미래선택연구소에서는,

대한민국은

'혁신'(전 기업의 디지털화(관리혁신), 규제 샌드박스, 고용혁신: 정규직의 노동 유연성으로 비정규직의 정규직화 가능)과

'포용'(자력으로 독립이 불가능한 국민에 한정)과

'공정'(기회, 진행에 한정함)으로 4차산업혁명 선도국가로 도약할 수 있게 해야 합니다.

자유민주주의를 지향하고 있는 자본주의 시장경제 체제하에서 경쟁에 관한 제도와 정책은 필수적이어야 하겠습니다.

'경쟁'은 소비자의 복지를 증진하고 부족한 자원을 효율적으로 배분하

는 정책으로 이어져야 하며, 창의와 혁신의 기업가 정신을 고취합니다. 그럼으로써 산업발전과 국민 경제성장을 뒷받침하게 되겠습니다.

2030 미래선택세대 여러분!

'경쟁' 촉진법과 '경제력 집중 방지' 목적으로 개정된 **공정거래법은 폐지**시켜야 하겠습니다. 이는 21세기 글로벌 경쟁시대, 국가 간 제도 경쟁시대에서 자국기업의 경쟁력을 약화시키는, 매국하는 법제도이기 때문입니다.

다만 기업의 경제력 남용 방지 정책은 고려하여야만 하겠습니다. 이는 정부가 국민 경제를 위해 경제력 집중에 대한 사전 방지를 하는 것이 아니라, **'공정한 경쟁을 제한하고, 소비자에게 피해를 주는 경제적 남용방지'**에 목적을 두어야하기 때문입니다.

대한민국 〈헌법 제119조 제2항〉의 경제력 남용 방지 포함이 엄연하게 경제력 집중을 제한하고 있음에도 공정거래법의 무조건적인 경제력 집중 방지 조항은 모순되며, 대한민국 경제 활동에 혼란만 야기하고 있습니다.

〈한국기업법연구소 황인학〉

2030미래선택세대여러분!

2030미래선택연구소에서는,

대한민국의 (1020)**2030미래선택세대**들 1,400만 명과 대한민국의 소상공인들 700만 명과 대한민국의 중소기업인 360만 명이 'IoT' 이념을 지향하면서, 4차산업혁명 선도국가 도약에 한마음이 될 수 있는 정책을 개발하고 있습니다.

지금의 대한민국 근로자 2,000만 명의 10% 불과한 민주노총(995,000명)과 한국노총(101,600명) 상급노조와 각 기업의 산별노조를 법률로 혁파하여서 1,800만 명의 개별노조들에게 실질적인 행복보장을 할 수 있게 하는 정책도 개발하고 있습니다.

2030 미래선택세대 여러분!
현명한 사람은 자신의 분노를 사람이 아니라 문제 자체를 향해 터뜨리며, 자신의 에너지를 변명이 아니라 해법에 쏟아 붓는다고 합니다.

대한민국의 현실은 '다름'이 아니라 '틀림'이라고 여기는 사고의 경직성으로 극한적인 노사 대립, 극단적인 이념갈등, 해소되지 않는 지역갈등만을 추구하고 있습니다.

대한민국의 위정자들은 정치를 산수가 아닌 고등 수학으로 자각해서 3이 2보다 크지만 3앞에 '-'가 붙으면 거꾸러진다는 진실을 인정할 줄 알아야 하겠습니다.

'좌익소아병'을 주장하는 레닌의 교조주의 이념에서도 '진정한 혁명가에게 최대의 위기는 혁명성을 과장하는 것'이라고 주장하고 있으며, 중국의 '국민진퇴' 논란을 반면교사로 삼아 그 전철을 밟지 않도록 대한민국은 분명하게 배척할 수 있어야 합니다.

현 정부의 국영기업 확장정책은 대한민국의 헌법과 배치되는 사회주의 이념일 뿐입니다.

2030 미래선택세대 여러분!

영국의 대처 전 수상은 영국민의 저효율 고비용 병을 치유하는 정책을 성공시켰으며, 독일의 슈뢰더 대통령은 좌파였음에도 유연한 노동개혁을 성공시켜서 독일을 세계 최강 경제대국으로 부흥시켰습니다. 또한 프랑스의 마크롱 대통령은 온리 평등주의의 프랑스병과 전쟁 중에 있으며, 일본의 아베총리도 총체적 무기력의 일본병과 전쟁 중에 있습니다.

대한민국의 한국병은 '사고의 경직성 해소 정책'으로 치유할 수 있어야 하겠습니다.

2030 미래선택세대 여러분!

지금의 환경부에서 자의적으로 작성한 보고서와 통계청의 자의적 통계치 발표는, 4차산업혁명시대에서는 있을 수 없는 공무원들의 직무유기입니다.

이는, 환경부 통계청, 국세청, 금감원, 금융위, 교육부 등이 독립기관이 되지 못한 데에 그 원인이 있겠습니다.

이에, **2030미래선택연구소**에서는,

신설하는(독립기관), 갈등해소관리위원회, 국가재정위원회, 4차산업혁명

위원회, 국가감사위원회에서 정권교체와 무관하게 대한민국 국익을 위한

계속성 있고, 일관성 있는 정책을 개발하겠습니다.

2030미래선택세대 여러분!

대한민국의 인구절벽해소는 교육직제와 과정의 전면개편에서 그 답을

찾을 수 있다고 봅니다.

이에 **2030미래선택연구소**에서는 교육직제를 현행 중등교육과정부터

4차산업혁명전문가 교육으로 개편하며, 고등교육부터는 창조교육으로 직

제를 개편하겠습니다. 이와 더불어 대다수의 창조교육희망학생들에게 사

교육비 지출부담 없이 오히려 국가에서 생계보조비(월 200만 원)를 받을 수

있게 되는 정책을 개발하여 대한민국의 인구절벽 해소와 세계 최강의 AI,

Big data, 5G, SW 전문가 200만 명 양성 교육과정에 참여할 수 있도록

하겠습니다.

현재 대한민국의 인구절벽해소정책은,

출생아 한 명당 6,669만 원의 국가예산을 소비하고 있고, 1명의 일자

리 창출을 위해서는 1억 5천만 원의 국가예산이 소비되고 있습니다.

2030미래선택세대 여러분!

현 정부의 획일적인 평등주의에 의한 도덕적 파괴는 경제 활동의 역동성을 심대하게 파괴시킵니다. 대한민국의 337개 공공기관 중에 국가전략기업을 제외하고 모든 기업의 민영화만이 대한민국의 인구절벽을 해소하고, 청년일자리를 창출시킬 수가 있게 됩니다.

2030미래선택세대들은,

잘못된 정의(definition)와 결과의 평등을 분명하게 부정하고 있습니다. 잘못된 정의는 비뚤어진 신념을 낳고, 비뚤어진 신념은 극단적인 대립만 초래하기 때문입니다. 그리고 성장만을 목표로 하는 분배는 부정하고, 명확한 분배 개선 목표에 맞는 가장 적합한 정책수단이 중요하겠습니다.

2030미래선택세대 여러분!

2030미래선택연구소에서는,

(1020)**2030미래선택세대**들이 대한민국 인구(51,826,059명)의 27.2%(1,400만 명)를 차지하고 있기 때문에 700만 명의 소상공인과 360만 명의 중소기업인들 4차산업혁명 선도국가 도약을 위한 정책 연대를 하여서 2020년 총선에서 국회의원 정족수(300명)의 50%(150명) 이상의, '1회 한정하는

법률개정을 위한 조건부 국회의원을 2030미래선택세대들로 관련 정당에서 당선시킴'으로써 대한민국의 모든 이념대립을 혁파시키고 기득권 세력을 폐쇄시킬 수 있게 되는 정책을 개발하겠습니다.

2030미래선택세대들은,

대한민국의 공동선을 지향하고, 질서를 중시하고 있습니다. 특정한 질서를 신뢰하는 것은 그것이 객관성이 있는 진리이기 때문만이 아니라 질서를 믿으면, 더 효과적으로 협력하게 되고, 더 나은 '결과의 획일적인 평등'이 아닌 '기회의 평등'이 보편화된 더 나은 정의가 살아 숨 쉬는 대한민국에서 살아갈 수 있기 때문입니다.

대한민국
국가경쟁력 향상정책

**국익우선인 탈원전정책 유보 및 국익우선의 각종 환경정책과
국익우선의 집회, 결사 정책**

1) 행정부산하 각종 위원회는 인구위원회를 제외하고 모두 폐지하고, 매년 절약되는 약 1,000억 원의 국가예산을 '신산업인재육성자금'으로 지출하여서 국가경쟁력을 향상시킨다.

2) 정부의 탈원전 정책은 2030미래선택세대들의 소중한 기술을 훔치는 것이기 때문에, 탈원전 10년 유예정책을 시행하면서,

① 미국과 사용 후 핵폐기물처리 협정을 맺는다.

② '사용 후 핵폐기물에서 연료로 재사용하고, 중저준위방사성 폐기물은 국외처분조건으로 국내 원전기술의 국가경쟁력 유

지정책을 시행한다.'

3) 원전수출 산업육성정책을 원전수출 '국민행동본부정책'을 벤치마케팅하여서

① 탈원전 10년 유예정책시행으로 매년 10조 원의 국가 예산을 절감하여서, 해외 원전수주 경쟁력 향상과 국내 원전기술력 향상 및 관리, 설비, 고급체계를 고도화 할 수 있게 됨으로써 탈원전 정책으로 매년 2조 원 이상 10년간 20조 원을 국가 예산에서 낭비할 필요가 없게 하겠습니다.

② 원전수출 세계점유율 10% 달성 정책을 하여서 연매출 150조 원 달성과 21만 명의 양질의 직접 고용 일자리를 창출시키겠습니다.

③ 미국원자력 규제위원회(NRC)에서, 기술쟁점을 인정받은 한국형 APR1400(신형경수로) 등으로 원전수출육성정책 시행으로 대한민국의 4차산업혁명 주도산업으로 발전시켜서 국제 경쟁력을 향상시킨다.

④ 4차 산업혁명 선도국가가 되어서 국가경쟁력이 배가 되면 그때 가서 자연스럽게 탈원전 정책을 다시 시작하는 정책을 개발하겠습니다.

4) 재건축을 위해서 필요한 인프라 비용은 재건축조합에서 부담케 한다.

5) 환경평가는 모두 국가에서 하고, '사업타당성 평가 또한 국가세금'으로 진행하며, 개별사업자에게 절차와 규정을 정확하게 지키게 함으로써, 국력손실을 방지한다.

6) 국방개혁을 위한 핵융합 연구인력의 상당수가 원자력공학과 물리학전공자출신으로 구성되어 있기 때문에 국방개혁을 위해서라도 원자력 분야에서 물리학적 소양을 갖춘 인재양성이 분명하게 필요합니다. 때문에 탈원전 10년 유예정책의 당위성은 인정되겠습니다.

7) 서울대 트루스포럼에서 GMW연합에서도 문재인정부의 탈원전 정책은 무식의 극치를 이루고 있는 잘못된 정책이라고 하고 있습니다.

8) 세계 신규 원전 수요가 153기(5,000조 달러~6,000조 달러)에 달하기 때문에 신한울 원전 3,4호기는 당연하게 재개해야 합니다. 〈조용성 에너지 경제연구원장〉

9) 대한민국의 빈곤층 가구에게 52만 1,000원을 지급하는 현금도움정책 또한 필요하겠습니다.

10) 현 정부의 2019 시행 '일괄담보제도도입(부동산 아닌 다양한 부동산담보대출)' 정책과 2020 시행 '기술금융제도도입(R&D 역량, 기업인력수준 등 기술력 평가)' 정책 및 2021시행 '성장기반 제도도입(자산+기술력+영업력 등을 종합한 성장성평가)' 정책과도 M.O.U 하는 정책개발을 하겠습니다. 그리고 현 정부의 제조업, 서비스업에 70조 원의 정책자금을 공급하는 정책과도 M.O.U 하겠습니다.

11) 대한민국의 투자 5적,
　　① 환경·노동 규제 혁파
　　② 비싼 인건비, 강성노조 혁파
　　③ 법인세, 전기료 인하
　　④ 지역이기주의 법률로 타파
　　⑤ 반기업정서
　　를 완전하게 혁파시키는 법률 제정과 사회주의 이념 배척 정책개발이 필요하겠습니다.

12. 대한민국의 금수강산을 6.2% 재생에너지 비중달성을 위해서 무작위로 훼손하여 초토화시키게 된다면 공상과학 영화 속에서 흔하게 볼 수 있는 공포와 삭막함으로 포장되어 버린 미래도시화 될 수밖에 없게 됩니다. 이미 와있는 4차산업혁명시대를 선도하기 위해서는 막연한 상상으로 판단하고 있는 원전피해만을 걱정하는 겁쟁이가 되어서는 안 됩니다. 원전의 안정성 보장문제는 급격하게 발전하고 있는 첨단과 과학기술로 충분하게 해결할 수 있는 도전해 볼 수 있는 '미래산업'일 뿐임을 인정하여야 하겠습니다.

13). 대한민국의 벤처 붐 조성은 4차산업혁명시대에 부합하는 정책입니다. 대한민국에 벤처 붐을 일으키기 위해서는 정부의 확장적인 투자와 차등의결권 도입 및 법에서 금지하지 않는 사업은 할 수 있도록 해주고, 법에서 금지하는 사업 중 시대에 맞지 않는 것은 새로운 법을 제정해서 새로운 규칙인 4차산업혁명시대에 부합하는 세계의 표준 규칙 속에서 무한경쟁을 할 수 있게 해야 합니다. 〈이재웅 쏘카 대표〉

14) 자유시장경제의 가치와 역할 법제화 필요성에 대한 정책을 개발하겠습니다.

〈민경국 강원대 교수의 자유주의 경제철학 아카데미〉

15) 인문계고 교육으로 AI, SW 과목을 신규 편성하여서, 200만 명의 4차산업혁명 전문가 양성 정책에 동참시키는 정책개발이 필요합니다.

16) 4차산업혁명 전문가 양성으로 AI, 5G 신기술을 이용하는 신무기 패러다임 변경 정책이 필요합니다.

17) 서울시의 스마트 시티 서울 계획으로 IoT 센서 5만 개를 설치하여 빅데이터 수도 정책으로 국가 경쟁력을 향상시킵니다.

18) 녹색원자력학생연대 대표 조재완의 '원전 살리기' 정책과 M.O.U 합니다.

19) '■충북 진천군 2,750가구 성석 미니신도시 개발정책/■

전남목포 대양산단 수산식품수출단지/ ■충북청주산업단 스마트 고밀도 복합산단정책'과 M.O.U를 합니다.

20) 루트임팩트: 일하는 방법, 교육하는 방법에 변화를 줘서 사회의 의미 있는 변화목적 조직.

모두의 연구소, 타운랩 테이크어스와 M.O.U의 필요성, 어떻게 할 것인가 고민하는 패러다임의 변화 필요성, 무엇을 할 것인가라는 목표가 생깁니다.

점차 거세지는 4차산업혁명 변화의 물결 속에서는 무슨 기술이나 역량이 필요한지에 대한 생각보다 '루트임팩트' 처럼 방법의 변화가 필요합니다.

다음 선거에서 누구를 뽑을 것인가 고민하지 말고 어떤 방식으로 뽑고, 잘못된 정책을 어떻게 통제할 것인가 고민할 수 있어야 한다.   〈이경전 경희대 교수 '벤틀 대표'〉

21) 2030미래선택연구소에서는 대한민국에서 해마다 증가하고 있는 미세먼지(연 4조 230억 원 현대경제연구원)로 인한 경제적 손실과 무형의 국가경쟁력 저하를 막을 수 있는 국가정책개발과 정책 부재(탈원전 소득주도성장 문재인 케어)로 매년

발생하는 14조 원(고용보험기금 2조 1,852억, 건강보험 적립금 3조 2,644억 원, 한국전력 8조 2,988억 원)의 국가재정손실을 막을 수 있는 정책개발을 하겠습니다.

22) 대한민국 기업의 온실가스 배출비용이 15년 내 7조가 증가하기 때문에 신한울 3,4호기 부활 필요성과 월성 1호기의 폐쇄결정 재검토 필요성 및 청년원전과학도 지원정책, 원전협력기금(재기금융) 확대정책의 필요성, 그리고 일본의 초소형 원자로 집중 정책까지도 벤치마킹할 필요성이 있겠습니다.

이에 2030미래선택연구소에서는 서울대 원자력 정책센터와 원자력학회 녹색원자력학생연대 조재완 공동대표 등과 M.O.U 하고, '원전의 국가적 당위성에 관한 정책'을 개발하겠습니다.

23) 대한민국의 4차산업선도국가 도약을 위해서는 국민들에게 창조적 파괴 역량 교육을 강화해야 하고, 대한민국 국회는 공무원과 법률가의 일자리창출 법안을 발의하되 제정하지 못하게 해야 하며, 대한민국의 혁신을 위해서 금

감원은 자원과 리스크를 배분하는 공무집행을 하며, 인구정책을 기필코 성공시켜서 2030년에 예상되고 있는 '생산연령인구 100명이 38명의 노인 부양을 책임지는 상황'을 면하게 하여야 하겠습니다.

24) 200만 명의 AI전문가 육성프로그램으로 4차산업혁명시대의 핵인 'AI기술개발(JTC1, SC42가 제정하는 AI 국제표준선점)'을 확장하는 정책을 개발하겠습니다.

〈yskwon@hankyung.com〉

24) 인문학적 상상이 필요한 AI시대에서 절대적인 "데이터 사이언티스트"를 양성할 수 있는 인문학과정을 확충시켜서, 4차산업혁명에 필수요소인 도덕적 윤리지도사 육성과 스토리텔러 양성정책을 개발하겠습니다.

대한민국
기업경쟁력 제고정책

기업의 대외 경쟁력 향상은 국가 GDP 2% 이상 향상시킨다

1) 300인 이하 모든 기업의 법인세는 10%로 인하하며, 300
인 이상 모든 기업의 법인세는, 15%로 인하한다. (국가 세수
연 8조 원 감소예상) '레퍼커브 효과 발생' 예상

2) '특별사회공헌금(세후이익금에서, 국가부채 연 7.5조 원 감소효과 예
상)'을 법인정관에 명시하여서 갈등관리해소자금으로 납부
한다.

3) 기업사내보유금상환제 제정, 2017년 현재 8,682%(520조
원) 투자유보에서 3,000% 이상은 유보금 재투자 의무 법
률개정으로 370조 원 이상의 산업재투자 유발효과로 국가

GDP 상향효과 예상(2018년 8월 8일 삼성에서 약속하고 있는 180조 투자결정이 이를 입증해주고 있다. 재투자 의무이행 시 국가에서 75%에 해당하는 투자금 원금 보장정책 필요성)

4) 기업은 국가로부터 'BBAS 51% 인용하는 업무집행'을 할 수 있도록 프라이빗 블록체인 네트워크 설치를 제공 받으며, 이에 따른 '빅데이터 전문가'와 '도덕적 윤리기술사' 양성 재교육비 지원을 보장 받는다.

5) 기업은 신설되는 독립기관인 '갈등해소관리위원회'를 통하여서 기업별 노조 및 영세근로자들의 임단협을 '전년도 물가상승률만큼 임금인상연동성정책'으로 타결 받는 보장을 받는다. '기업은 이로 인하여서, 매년 발생하는 쟁의, 파업 손실금을 절약하게 된다.'

6) 국가는 기업에게 최고의 스페셜리스트가 되어 주어야합니다. 이미 와버린 4차산업혁명시대에서는 ICT와 바이오신약 등 혁신산업에서 다양한 이종인재의 수요를 창출케 하는 정책이 필요하겠습니다. ICT 기업에 필요한 '컴퓨터공학인재'가 바이오신약기업의 '코보틱스' 수요와 결합하기

때문입니다. 디지털 트윈이라고 불리는 '코보틱스' 기술은 민감한 기계 작동과 인간의 작업을 최적화해서 생산을 극대화하고 있습니다.

7) 중소기업상속세 과부담 폐해를 해소하기 위해서는 국가재정에 손실이 없는 '사업승계형 M&A 정책시행'을 성공할 수 있도록 정부가 지원센터를 통해서 매수자에 연결하는 공무집행이 필요합니다.

또한 자유한국당대표(황교안)의 "법인세 인하는, 기업에 혜택을 주기 위해서가 아니라, 국가 경제를 살리기 위해서이다."라는 패러다임 전환은 좋은 발상입니다.

2030미래선택연구소에서는 300인 이상의 기업경쟁력을 세계적으로 살려주기 위하여 법인세(15%)를 인하하고, 노동법을 개정하되, 기업으로부터는 매년 세후이익의 10%를 특별사회공헌금으로 납부케 하는 정책을 개발하였습니다.

8) 상속세율을 규모에 의한 차별(규제)로부터 완화하는 정책이 필요합니다. 국내 중견기업 4,468개사가 65% 상속세율과 22% 주식양도세에 대한 족쇄로부터 벗어날 수 있게 상속세율 25%, 주식양도세 10%를 인하하는 정책개발이 필요

합니다.

9) 규제 리스크 때문에 대기업의 세계경쟁력이 저하되지 않
도록 하는 정책개발이 필요합니다.

- 상법 및 공정거래법 개정안 폐지로 기업의 경영권을 보장한다.
- 친노동정책 리스크를 완화시켜 주어야 한다.
- 정부가 과도한 시장개입을 할 수 없게 한다.

  (협력이익공유제법제화 폐지, 복합쇼핑몰규제완화, 신용카드 수수료 유지)

- 사정당국의 과도한 수사억제
- 불확실한 경영환경을 정부에서 해소시킨다.

대한민국 신산업육성정책

**대한민국 제조업을 미래 산업으로 육성시켜서,
신 통상전략으로 2022년 수출 7,900억 달러 달성하는
세계 4대 수출국가로 도약시키겠습니다.**

1) 신 산업(반도체, 로보스 의료장비, 항공우주산업) 육성내용은 다음과 같다.

　① 삼성전자(크리에이티브케어 프로그램) − 5개국에 AI거점 구축으로 AI인재를 확보하겠습니다.

　② LG CNS(스마트 팩토리 플랫폼: 팩토바, 공공기관 블록체인 플랫폼: 모나체인MONACHAIN)

　③ 삼성 SDS MLCC(전자산업의 쌀) 산업(적층 세라믹콘덴서: Multi-Layer Ceramic Capacitor)

　④ 마이크로+의료+로봇결합산업(로봇 IoT 선도국가)

　⑤ KAIST & 한화 시스템의 '국방인공지능융합 연구센터(인공 기반 지휘 결심 지원 센터)

　⑥ 우주항공산업(1,000억 달러 수출), KAI(F50 고등훈련기), 한화(K9

자주포: 2025년 12조 매출목표), LG 넥스원, 풍산

⑦ 삼성 5G장비(삼성 빅스비 플랫폼)산업, KT네트워크 블록체인(영
등포구청산업), 롯데정보통신(IT테크)산업

⑧ 나노기술수출(미래기술 TRAPPING과 관련된 연구)산업, (전극구조로
만드는 연구, 도우 미술: 공대교수 1/3 연구)

⑨ UNIST(울산과학기술원)의 전염병 해결책 모색(수리모형연구) 산업

⑩ J.W 생명과학(수액 공장) '스탠다드 그래핀 정수기(꿈의 소재 양
산)'

⑪ DB 하이텍(드론용 전력 반도체 산업): 중국 대항산업

⑫ '농우 바이오', '삼성 바이오', 'SK(주) 바이오', '제약', '에너
지', '셀트라온', '코오롱(인, 보, 사)보건사업(122억 달러 매출 목표)'

⑬ 현대 모비스(자동차, 똑똑한 M벨리), 현대 글로비스(2025년 44조
매출 목표)

⑭ 스마트 팩토리(AI 기반 팩토바: 빅데이터, ICT 도입 플랫폼) 현대위
니아(IRIS: 첨단 솔루션), '효성(전력망 사고 솔루션 개발)'

⑮ 정보화 산업(ITT 강국 코리아의 경험을 세일즈화) 전자정부, 스마트
시티, 글로벌 교류

⑯ K스마트시티 수출산업(스마트 커넥티드 타운 계획), 엔엑스테이
크(울산 에너지 기업), 인도 스마트시티(웨스트 뱅실주 뉴타운)

2) '(준)신산업' 원자력, 신재생에너지, 철강, 조선(특수선), 가스 터빈, 배터리, 광케이블, 스마트망, 물 관리, 첨단섬유, K-게임사업, K-뷰티산업, K-한류산업, 조폐공사 수출산업

① **원자력 수출산업**(1,000조 원 이상 세계시장 30% 달성 전략) '중저준 위 방사선 폐기물'—PY(파이프로세싱) 기술로 에너지도 얻고 방사 선 반감기도 감소시키는 효과

② 페로브스카이트(perovskite) 태양전지산업(산학 연계 정책 필요 성): 대학의 원천기술 개발과 기업의 패키징, 스케일 기술 간 파트너십 형성 필요성(공과대학의 산업 패러다임 흔드는 기초 원천 연 구로 국가 발전에 기여한다)

③ 신재생에너지 제안형 프로젝트(ORGANIZING) 산업 육성, 삼 성 물산 캐나다(50억 달러: 중력, 태양광) 발전단지 완공 실적

④ 포스코 산업(철강 40%, 인프라 40%, 신산업 20%)을 육성시키겠습 니다. '**기가스틸**(초고강도 강판)', '리튬', '마그네슘' 소재 산업(포 항 공대와 바이오 협업), **꿈의 빛 포스텍 4세대 방사광 가속기로 바이오 신약 개발**

⑤ 풍력 산업(두산 중공업)

⑥ 조선업(친환경 LNG선 수주), **특수선 육성산업**(현대 중공업: 2022년 매출 70조 달성 목표임)

⑦ 가스터빈기술산업(한국 기계 공업 수출 진흥 정책), 삼성 테크윈(한

화테크원), 두산중공업, 이탈리아 안살도(Asaldo)와 제휴하여 가스터빈 개발을 국책 과제로 진행시키겠습니다.

⑧ **황배터리**(차세대 전지, 리튬) **나이트 비전 산업**: 전기차 사용 시 '황' 몇 백만 톤 소모. 황으로 인한 공해 문제 해결 가능.

⑨ 광케이블 생산설비 산업(SK 건설, 폴란드 광케이블)

⑩ 스마트팜(SMART FARM): ICT로 결합한 농장, 세계 '차(Car)' 시장의 6배로 커지는 식량 시장에 대한 공약이 필요하다.

⑪ 물관리 수출산업(K-WATER 신흥국 수출 정책): 워터 코디

⑫ 블루 골드 담수화 산업(두산중공업, 한화, LG)

⑬ 해수부(서태평양 망간각 독점 탐사권) '국제 해저기구와 M.O.U'

⑭ 전기차 배터리 산업(LG: 13조 수출 목표)

⑮ 무선 충전 전기 자동차 상용화 산업(KAIST)

⑯ 한국 조폐 공사 수출산업 - '(태국, 인도네시아, 우즈베키스탄) 조폐권을 가진 나라', '신뢰의 화수분(글로벌 TOP 5 조폐 보안기업)'

⑰ KCC 신산업('홈씨씨 인테리어', '도로사업 부문 신기술(모방불가 기술력) 산업')

⑱ 서브원(MRO: 소모성 자재 구매대행) 산업 'e마켓 플레이스 기술(1조 765억 매출)'

⑲ 대우전자(동남아 맞춤형 가전)

⑳ 첨단 섬유 헤라크톤 산업 '코오롱(유리 섬유 강화 플라스틱: GFRP)'

㉑ 데이터기업(코콘 관다, 별별선생)

㉒ 에이디알(도전 1,000억 벤처) 빅데이터 IoT

㉓ 보안 스타트업(에버스긴, 센스톤, 센티넬프로토콜)

㉔ K-게임산업(수출 6조 원) "넥슨", "넷마블", "엔씨소프트", "웹젠", "펄어비즈"

㉕ K-한류산업(BTS(방탄소년단) 수출 1조 원)

㉖ K-뷰티(수출 4조 원): 휴온스(유톡스, 보톡스)

㉗ 지코(산업용 자외선 흡수제)

㉘ 할랄푸드시장(2019년 세계 2조 달러 수출 시장), 신세계, 농심, 삼양, 롯데(한국 식품 연구원 식품 수출 지원 센터)

㉙ 칠레 리튬 프로젝트 산업 '삼성 SDI, 포스코 컨소시엄'

㉚ 효성 첨단소재(타이어코드)산업

㉛ SKB: 맞춤형 IPTV로 넷플릭스와 경쟁력 강화 산업

㉜ 대구시 로봇산업과 KCTF의 전지용 동박산업(2023년 연매출 1조 원 예상)

㉝ 홍릉 바이오허브에서 엑셀러레이팅, 입주공간제공 컨설팅, 기술산업화 지원으로 9개 대학교 박사급 인재 5,200명과 연계하는 정책개발이 필요합니다.

㉞ 스마트시티산업(코트라와 LH연계사업)

㉟ 현대오일뱅크의 황금알 H.P.C(정유부산물을 활용한 정유공장 확보)

신산업으로 육성키로함.

㊱ 현대중공업+한국전력이 함께하는, 차세대 직류(DC) 배선기술

(교류 AC 전원을 직류(DC)로 배선시키거나, 직류를 직접 공급하는 기술)

3) 강소 기업(월드 클래스: 300개 기업) 산업육성 - ⟨ex: 한국 콜마 윤종환 회장⟩, '2017년 기준, 259개 강소기업(매출 245조 원, 수출 26조 원)'

4) 유니콘 기업 육성: 현재 3개(1%) → 2022년 20개 기업(10%) 육성 목표 ⟨한국 경제 연구소⟩

5) 외국계 기업(1,700개 회원사) 육성: 현재 '수출 21% 점유율에 서 30% 점유율 달성 목표'

6) 사회적 기업 육성(대기업과 동반 성장 가능) 2017년 기준 41,147 개 기업(사회적 기업, 마을기업, 협동조합, 자활 기업), '좀비 기업 퇴출 정책' - 신산업은 IQ(지능지수)가 아닌 EQ(감성지수)에 투자함

- "계획은 정교하게 세우고, 실천은 과감하게 시행하여서, 신산업 육성 성과를 극대화 시킨다" -

2030 미래선택연구소에서는,

"트릴레마"(세 가지 딜레마)에서 벗어날 수 있는 정책 개발을 하여서, 최저임금 인상을 유예하여 물가를 안정시키고, 국민 혈세 지원을 신중하게 함으로써, 좀비 기업이 혜택을 볼 수 없게 하여 국민 도덕성을 회복시키겠습니다. 또 20건의 정책을 성공시켜서 서민에게 피해가 없도록 하겠습니다.

① 롯데케미칼의 수처리 분리막(멤브레인) 산업

② 선바이오 500조 인공혈액 산업

③ 삼성 SDI → 전고체개발과 ESS 차세대에너지저장장치 용도로 쓰이는 VRFB(바나듐 레독스 플로우 배터리) 개발 육성 정책

④ 씨스리일렉트릭㈜(C3Electric.com.) → 자율발전기(핵자기공진)산업, (신재생에너지 공급의 무화제도: RPS)

⑤ '미세먼지 해소산업' 〈장재연 아주대 의대교수: 숲과 나눔 이사장〉 - "과학은 절대적이지 않습니다. 다만 합리적인 판단과 토론을 할 수 있는 기회를 제공해주는 게 과학입니다."

- 4차산업혁명 플랫폼으로 'LG CNS'의 7대 신기술 브랜드 육성정책인 스마트 팩토리를 팩토바로, IoT을 인피오티(INFioT)로 발전시키는 신산업육성정책 필요성

- 꿈의 소재 개발한 'MTA' 기업, 볼트 등 자동차용 단조부품기

업 'KPF',

- 태양광기업 'OCI'(새 성장판은 바이오 기업임)

- 포스코의 '포스470FC(세계 최초로 개발된 월드퍼스트(WF) 2차전지소 재사업)'

- 현대제철의 '금속분리판 생산', 포스코강판인 '포스아트'

- 두산의 수소경제(연료전지, 전지박), AP시스템, GS건설

- 한국전자통신연구원(ETRI)의 터치케어(Touchcare)

- UNIST(울산과학기술원)의 '생활 속 열에너지 발견'과 '수소경제 평가방법개발(손재성 UNIST 신소재 공학부 교수, 신호선 한국표준과학 연구원)'

- SK㈜의 'SK바이오팜' 원소기호 27번'이 남긴 숙제를 블록체 인으로 해결하는 사업(안현수 미시간경영대교수)

- KT네트워크블록체인(분산원장기술), '5G국제표준선정(퀄컴과 M.O.U)'

- NHN(종합 IT기업) 엔터테인먼트(매출 1조 달성), 한온시스템(미래 차부품세계 1위)

"Build up korea 2018"

- 대우건설㈜: '평화비젼테이크푸르지오(스마트홈)' - (똑똑한 IoT 아파트, DSC 기술적용)
- LH공사: DSC 기술적용
- 삼성물산: 스마트홈 '레미안 IoT 홈랩(Home Lab: 스마트 홈 플랫폼)'
- 대림산업: HDC(HDC 아이콘트롤스), G9 스마트홈 플랫폼

"스마트 시티 특화단지"

- 대전(대덕단지 내 Renew)
- 충북(진천혁신도시)
- 김해(스마트 역사문화도시)
- 부천(미세먼지 클린 특화단지)

대한민국
법률개정정책

1) 대한민국의 모든 국민은 '창의적 고등교육을 받게 되는 17세부터 참정권을 보장한다.'

2) 대한민국 국민은 연령제한 없이 누구나 25세가 되면 피선거권을 보장 받는다.

3) 대한민국의 교육감 직선제는 폐지한다.

4) 대한민국의 헌법 제9조, 제127조를 개정한다.

5) 대한민국의 모든 공직자(입법, 사법, 행정)는 겸직을 금한다.

6) 대한민국의 대통령은 국가가 될 수 없기 때문에, 외교, 안보, 국제정치 문제에서만 국가를 대표하고 오로지 행정부 공무집행에만 전념케 한다.

7) 대한민국의 'N.G.O'는 시민의 자발적 참여로 공익을 추구하는 비정부적, 비정파적, 비영리적인 민간 조직체이기 때문에, 정부를 감시해야 하는 고유의 업무를 이탈하여서, 국가 기업만을 옥죄고만 있는 '참여연대, 경실련, 보수시민단체' 때문이라도, 국가 시스템 변경을 위한 2000년에 개정된 '비영리 단체 지원법'을 개정한다.

8) "대한민국의 공직자와 공공기업 종사자가 범죄를 행위하였을 경우, 구속된 수용생활 중 가석방 혜택은 없으며, 교정시설의 관용부출력을 금지한다."

9) 공무집행 위반자에 관례로 지급하고 있는 연봉, 퇴직금 ½ 지급제도를 폐지하고, 대신 공무집행 청렴도 향상에 따른 인센티브를 지급한다.

10) "대한민국의 도덕적 윤리관 재정립과 4차산업혁명시대에

서 가장 소중한 개인들의 신체적 자유권과 생명권을 보장
하기 위해서,"

① 살인을 행한 자에게는 '개인의 신체적 자유권을 침해'한 것
  이기 때문에 최소한 10년 이상 사회와 격리시킨다.

② 존속살인을 행한 자에게는 '개인의 도덕적 윤리권을 침해'한
  것이기 때문에 최소한 20년 이상 사회와 격리시킨다.

③ 차량 등 과실치사 범죄행위를 행한 과실치사자에게도 인간
  의 생명권을 침해한 것으로 최소한 5년 이상을 사회와 격리
  시킨다.

④ 각종 살인죄, 과실치사죄, 공직자와 공공기관 종사자의 범
  죄행위에 대한 민, 형사상 공소시효를 폐지한다.

⑤ 사형제도는 폐지한다.

11) 형법 제123조 "피의사실공표금지"조항을 강화하여서, 피
  의자 반론권을 보장한다.(법무부의 수사공보준칙은 폐지한다.)

성모님 그대!

비가 내립니다
삐걱~~~ 삐걱.
마음처럼 그렇습니다,

긴 여정
70년의 여정,
그리 멀지도 못한 다사다난함,
(개벽 용천 함으로…)

새 봄을 단장 합니다!

엄청 긴 고통(시간)
9년의 지옥,
그리 여유롭지 못한 고단함?

주님께서 계셨기에,

(그분) 성모님이 안아주셔서

드디어 8전9기의 희망을 찾습니다.

오월은 꽃이 피어납니다!

그저 부끄럽기만 합니다,

2018 .5 .6

그리움 속에서

2030미래선택연구소

2030futurechoice@2030futurechoice.com
www.2030futurechoice.com

서울 서초구 반포대로30길 82, 6층(서초동, 우서빌딩)
대표전화: (02)595-2030,   팩스: (02)595-2037
2030: (02)595-2030~7   1020: (02)3481-1020~1
4050: (02)3481-4050~1   6070: (02)595-6070~1

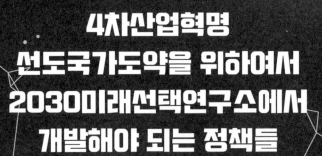

4차산업혁명
선도국가도약을 위하여서
2030미래선택연구소에서
개발해야 되는 정책들

갈등해소관리위원회
(독립기관)

- 원인: 지금의 대한민국은 전체적인 갈등 수준이 80%가 "심하다", 7.2%가 "매우 심하다"인 정상국가라고 볼 수 없는 현실에 놓여 있습니다.

  이러한 남·남 갈등 속에서 북한이 비무장화되고 있는 DMZ를 통해서 218,000명의 특수암살전문부대로 기습남침하게된다면 6·25도 엄연한 현실인데, 남침 못한다는 보장을 누가 할 수 있겠습니까!

  현존하는 이념갈등(87%)과 노사갈등(75.1%) 등을 BBAS 51% 인용하는 독립된 공무집행을 하고자 함에 있습니다. 〈한국보건사회연구원〉

• 목적: 대한민국을 4차 산업혁명 선도국가로 향상시키기 위함으로, 독립기관인 갈등 해소 관리 위원회를 통하여서, 직접적으로 '노동자들에게 모든 권리를 보장하여 주고', '기업들의 정상적인 경영활동을 보장하여 주며', 각 지역의 이익 침해를 해소시켜 주기 위함에 있다.

• 구성: 2022년 대선에서부터 국민들의 직접 투표에 의해서 '갈등해소관리위원회 위원장' 1인과 러닝메이트 방법으로 부위원장 2인(정무 1인, 공무 1인)을 선출한다.
'갈등해소관리위원장'은 갈등해소관리위원(1,000명)을 임명한다. 갈등해소관리위원(1,000명) 임명 방법은 '한국 7대 민족종교협의회(회장: 김희중 대주교)'에서 추천하는 복수의 갈등 해소 관리위원 후보자 중에서 빅데이터 인공지능(BDAI) 추천 결정 내용을 51% 이상 인용하여서 700명의 갈등해소관리위원을 임명해야 하고, 대한민국에서 활동하고 있는 '각종 환경, 시민단체'에서 추천하는 복수의 갈등해소관리위원 후보자 중에서 빅데이터 인공지능(BDAI) 추천 결정 내용을 51% 이상 인용하여서 300명의 갈등 해소 관리 위원을 임명해야 한다.

- 직급: 갈등해소관리위원회 위원장은 국무총리급의 대우를 한다. 이하 직급은 공공기관의 직위 체계에 준한다.

- 근무기간: 갈등해소관리위원회 위원장 및 부위원장의 임기는 5년간으로 하고, 중임은 국민투표결과에 따른다.

- 갈등해소정책 도출 방법: 갈등해소관리위원들은 각각의 근로자와 기업의 갈등을 해소시키는 공무집행과 기업 및 농민과 사회운동가 및 환경운동가의 갈등해소 공무집행을 담당한다. 또 갈등해소 방법을 결정을 하면서 변경되는 '프라이빗 블록체인 네트워크 51% 인용하는 공무집행'을 하여야 하고, 공무집행 결정은 '빅데이터 인공지능(BDAI)'에서 결정하는 '갈등해소방법 내용'을 51% 이상 인용하여서, 노동자, 기업, 각각의 이익집단의 갈등해소방법을 결정을 하여야 한다.

- 운영: 갈등해소관리위원들은 공공기관 직위 체계에 따르는

각 부분 빅데이터 전문 공직자들의 보좌 속에서 각종
갈등 해소를 위하여 오직 '국격'을 중시하는 공무 집
행만을 한다.

• 효과:

1. 갈등해소관리위원회로부터 매년 정상적인 기업 활동을
   보장받게 되는 '근로자 300명 이상의 각각의 기업'들은
   30대 그룹 오너끼리는 서로 혼인을 하지 않겠다는 내용
   을 정관에 명시하며, 매년 연말정산 시에 정산된 기업의
   세후 이익 부분 가운데, 10%를 독립기관인 국가재정위
   원회 산하, **특별 사회 공헌금** 납입처에 입금하는 책임
   과 사용하는 책임을 각 기업정관에 명시하게 함으로써
   이를 '노동자들의 각종 권리 보장금으로 50% 사용하게
   하며', 나머지 특별사회공헌금은, '고령자 복지 향상 기
   금 20%', '50-60세대 재취업 준비 기금 30%' 등 중산층
   복원자금으로 사용할 수 있게 한다.

2. 독립기관인 갈등 해소 관리 위원회와 직접적으로 임금
   을 협상하고 결정하게 되는 '대한민국 노동자'와 '기업별
   노동조합' 정책을 시행하게 됨으로써 기존의 대한민국

'각종 상급 노동조합'과 '각종 산별 노동조합'은 폐쇄될 수밖에 없기 때문에 이들로 인하여서 매년 발생하는 노동쟁의로 각 기업들이 받는 재산상 피해와 국민들이 입게 되는 정신적, 물질적 피해가 없도록 '국격 향상을 실현'한다.

3. 갈등해소관리위원회 설립으로 폐쇄되는 각종 상급, 산별 노동조합을 폐쇄하는 노동법 개혁은 2020년에 새로 구성되는 국회에서 '평생 1회만 국회의원을 할 수 있게 되는 2030미래선택세대들의 각 정당 국회의원의 발의'로 실현시키도록 한다.

4차산업혁명위원회
(독립기관)

4차산업혁명 선도국가 도약정책은 대한민국의 생존권을 위해서 2030 미래선택 세대들이 필연적으로 성공시켜야 합니다.

• 목적: 대한민국을 4차산업혁명 선도국가로 도약시키기 위함으로, 독립기관인 '4차산업혁명위원회'를 통하여서, '일자리 위원회', '북방경제협력위원회', '교육위원회', '신산업육성 위원회'를 직접 운영하게 됨으로써 대한민국의 미래 생존을 위해서 필연적으로 함께하게 되는 2030미래선택세대들이 새로운 도전을 하도록 하는 데에 있다.

• 구성: 2022년 대선에서, 국민들의 직접 투표에 의해서, '4차산업혁명 위원회 위원장(1인)'과 러닝메이트 방법으로 부위원장(2명: 정무 1인, 공무 1인)을 선출한다. '4차

산업혁명위원회 위원장'은 AI, BI, Big data, SW 등 전문가 교육을 이수한 자 중에서 4차산업혁명위원 (1,000명)을 임명한다.

'4차산업혁명 위원(1,000명)' 임명 방법은 '한국경영자총협회', '중소기업 중앙회', '한국교원공제회', '한국 벤처캐피탈협회' 등에서 추천하는 복수의 '4차산업혁명 위원 후보자' 중에서 '빅데이터 인공지능(BDAI) 추천 결정 내용을 51% 이상 인용'하여서 1,000명의 4차산업혁명 위원을 임명하여야 한다.

• 직급: 4차산업혁명위원회 위원장은 국무총리급의 대우를 한다. 이하 직급은 공공기관의 직위 체계에 준한다.

• 근무기간: 4차산업혁명위원회 위원장과 부위원장의 임기는 5년간으로 하고, 중임은 총선에서 국민들의 직접 투표 결과에 따른다.

• 4차산업 육성 방법
  1) 현재 시행되고 있는 교육감 직선제를 폐지하여서, 교육감은 교육부 직위 체계 속에 있게 한다.

2) 4차산업혁명위원들은 각 부분 공무집행을 하면서, '프라이빗 블록체인 네트워크 공무집행'을 하여야 하고, 공무집행 결정은 빅데이터 인공지능(BDAI)에서 결정하는 '신산업 육성'과 '새로운 교육개혁방법' 내용을 51% 이상 인용하여서, 4차 산업혁명을 성공시켜야 한다.

3) 대학과 기업의 인터페이스 역할을 하여주게 되는 '공공출연연구소'를 대학 주변에 설치하여서 국가 R&D 체계를 변경하고 '초학제적인 빅데이터 연구원'을 다량으로 육성시켜야 한다.

4) 교육 개혁을 위한 커리큘럼 개선을 시행하여서 대한민국 청년들에게 창의적인 아이디어가 억제 당하지 않게 하는 개방적인 시스템을 만들어 감으로써, 이들에게 창의적인 시도를 계속할 수 있는 도전의식을 갖게 해주어야 한다.

5) 50개의 신산업을 지원하여서 육성케 하여, 미래의 먹거리 산업을 집중하여 양성함으로써, 4차 산업을 선도할 수 있는 국력을 향상시킨다.

6) 각종 규제를 완전하고 신속하게 혁파하여서 신산업 육
성을 할 수 있게 한다.

① 국가 R&D 체계 변혁연구소와 공공출연연구소(대학주변설
치) / 대학과 기업의 인터페이스 역할, 빅데이터 연구소(서
울대 180명 교수 참여) / 초학제적(trans disciplinary) 공공출연
연구소를 운영한다.

② 산업한류 7대 플랫폼 사업정책개발('서비스 글로벌화', '인프라,
해외자원개발', '스마트시티사업', '고등교육메카시설', '디지털교육사
업', '서비스글로벌화사업')을 한다.

③ 신흥개도국을 위한 6대 허브정책개발('적정기술 R&D 허브',
'산업관광허브', 'K-서비스허브')을 한다.

④ 벤처기업 해외진출 비용 50% 상향 시 귀농정책과 기회창
업비율을 50% 상향시키는 정책을 시행한다.

⑤ '대입제도 특별위원회'를 신설하여서 행정부로부터 독립하
여 획일적인 제도보다 개성을 창출할 수 있는 다양한 제도
를 확립케 한다.

⑥ 학생들에게 '대학'이 아닌 '대학의 학과 지원 입시제도'를
시행하여서 '○○대학 ○○과 출신'으로, 대학의 서열화 폐
지와 학생들의 다양한 잠재력과 특성을 수용해서 미래의
동량으로 성장시킨다.

- 운영: 4차산업혁명 위원들은 공공기관의 직위 체계에 따르는 각 부분의 빅데이터 전문 공직자들의 보좌 속에서 각종 신산업 육성과 다양한 교육 개혁을 위한 프라이빗 블록체인 네트워크 시스템으로 'Big data AI 51% 이상을 인용하는 공무 집행'을 하여야 한다.

- 4차산업혁명은 블록체인 위에 'IoT 기술'과 'AI', 'Big data, 5G, SW 분석기술'이 자리 잡아야만 4차산업혁명을 위한 모든 기술들이 집약되어 국민생활을 완전하게 변화시키고 국가시스템 또한 4차산업혁명 선도국가에 맞추어지게 될 것입니다.

  (IBM 블록체인 플랫폼: Hyperledger Fabric) Private Blockchain Network에 의한 'Big data AI 결정 51%를 인용하는 공무 집행시스템'으로 변경하여서, 매년 국가예산을 20%(약 82조 원) 절약시키는 정책을 개발하여 대한민국 국민들에게 '도덕적 윤리성'을 정상으로 회복시키는 정책을 개발하겠으며, 도덕적 윤리성을 회복한 대한민국은 '스스로는 부활이 불가능한 극빈곤층의 생존권'을 사회보장기금으로 완전하게 보장하여 주게 될 것이고, '시스템 변경으로 부활은 가능한 약자계층(저소득층, 청소년층, 2030미래선택세대, 50-60-70 실업

세대)'의 행복권을 회복시켜 주게 됨으로써 대한민국 국민은 누구나 공정한 출발점에서 중산층으로 도약할 수 있게 되는 정책을 개발하겠습니다.

- 효과: 창의적인 교육 개혁 시행으로, 창의적인 도전 정신을 키우게 함으로써, 4차산업혁명을 선도할 수 있는 50개의 세계적인 경쟁력을 갖춘 신산업을 육성할 수 있게 된다. 4차 산업혁명 위원회 설립으로 폐쇄되는 교육감 직선제 폐지를 위한 법률 개정은, 2020년에 새로 구성되는 국회에서 '평생 1회만 국회의원을 할 수 있게 되는 2030미래선택세대들의 각 정당 국회의원 발의'로 실현시킬 것입니다.

국가감사위원회
(독립기관)

- 국민직접투표로 위원장 1명(부위원장 5명 러닝메이트)을 선출한다.

- 위원장의 임기는 5년으로 하고, 1회 연임에 한정한다.

- 금융감독위원회 감사, 공정거래위원회 감사, 국민권익위원회 감사, 국가공공기관, 공기업 감사, 국세청 감사, 관세청 감사(방법: 회계감사, 성과감사, 정책감사)

국가재정위원회
(독립기관)

1. 사회보장정책

가. 국민직접투표로 위원장 1명(부위원장 5명 러닝메이트)을 선출
  한다.

나. 위원장의 임기는 5년으로 하고, 1회 연임에 한정한다.

다. 주요업무는 '국가예산편성업무', '국세청 조세수입업무',
  '사회보장위원회업무(기부거래소운영업무: 기부자특혜정책)'

라. 기부거래소 운영/기부를 받으시겠습니까!(중산층이 되시면 사

회 공헌기금에 기부하시겠습니까?) 기부자 특혜 제공 정책

마. 국가 재정 건전성을 회복시키기 위함으로 국가재정위원 회가 독립기관으로 있게 됨으로써 정부가 공무원과 공직 자 월급을 주고 연금을 챙겨주지 않게 하겠습니다.

바. '국민연금'은 공정성을 유지시키고, 프라이빗 블록체인 네트워크 설치로 'Big data AI 51% 이상 인용하는 공무집행'으로 국민연금 손실을 방지합니다.

사. 효과: 국가재원(세제 잉여금 등)이 생기면 '우선 나라 빚을 갚아야 대한민국의 위기관리능력이 생기고, 청년 실업 비용 지출은 그 편익이나 효과가 엄청 크다는 입증이 필요할 때만 사용해야 한다.'는 대한민국청년(청소년세대와 2030세대)들의 합리적이고 공정한 생각을, 2030미래선택창업투자 빌딩에 입주하는 1인 창업가들이 당당하게 펼칠 수 있게 해야 합니다. 그리하여 제2의 '애플', '아마존', '구글', '페이스북' 등의 기업이 탄생하게 되었을 경우에는 '대한민국의 국격 향상'과 '2030미래선택연구소(Co.)의 사업성공'은 분명하게 이루어질 것입니다.

스마트형 실버주택(요양원 기준의 생활 복지 주택)은 약국, 체육 시설을 함께 설계함으로써 70명~100명의 노인들이 함께 사는데, 외부의 도움이 없어도 모든 활동을 노인들 스스로 해결할 수 있게 됨으로써 국가 보건 복지 서비스에 접근성을 높여주는 효과가 있습니다.

(국가채무비율(GDP대비)은 외국인투자자들을 위해서라도, 30% 선에서 관리할 수 있어야 하겠습니다.)

2. 국가재정절약정책

대한민국은 (2017년 기준) 국가 총 부채(1,555조 원)가 GDP에(1,730조 원) 대비 90%에 육박하고, 매년 100조 원 이상 늘어나고 있는 국가 시스템 부재 속에서 '국민들의 행복권은 침해당하고 있습니다.'

국가 총 부채(1,555조 원) 중, (공무원, 군인) '연금충당 국가 부채(845.8조 원)'가 56%에 이르고, '국채, 주택청약저축 등 국가간부채(710조 원)'가 44%에 이르고 있으며, 매년 20조 원의 국민 혈세가 국제 금융 시장의 채권자들에게 만기 이자로 지급되고 있습니다.

"대한민국 국민은 누구나 국가로부터 행복권을 보장받고 있습니다."

"국가는 국민들의 행복권을 침해할 권리가 없으며,"

"더욱이 국가는 '청소년세대'와 '2030미래선택세대'들의 4차 산업혁명시대 행복권을 침해할 권리 또한 없습니다."

저희 2030미래선택연구소(Co.)에서는,

숙명적으로 국가 총 부채(1,555조 원이 2030년에는 2,800조 원으로 늘어납니다.)에 대한 책임만을 지게 되는 대한민국의 청소년 세대와 2030미래선택세대들이 더 이상은 50-60-70세대들로부터 엄청난 국가 총 부채를 넘겨받지 않게 할 수 있는 국가 재정절약정책을 개발하겠습니다.

"국가재정절약은 'BBAS 51% 정책결정을 인용하는 공무집행'과 각 부처 간 시스템개혁으로도 분명하게 가능합니다."

1) 미래선택연구소(Co.)에서는 프라이빗 블록체인 네트워크 상에서 'BBAS 51% 인용하는 공무집행'으로 매년 약 82조 원 국가재정절약정책을 개발하겠습니다.

2) 국가 R&D 자금(년 19.7조 원)사용을 '국책연구기관 통폐합 시스템개혁'으로 30%(5.9조 원) 절약하는 정책 개발을 하겠습니다.

3) 중소기업정책지원금(연 10조 원) 프라이빗 블록체인 네크워크상에서 'BBAS 51% 인용하는 업무진행'으로 20%(연 2조 원) 절약하는 정책을 개발을 하겠습니다. 특히 이와 관련해 다음 사항에 주안점을 둘 것입니다.
① 피터팬 증후군 발생을 방지한다
② Meister 제도 활성화로 인센티브제공
③ 고정비 등의 상식적인 낭비를 줄여서 중소기업 퍼포먼스 20% 상향시키는 정책을 개발하겠습니다.

4) 국가의 인구절벽해소정책으로 지출되는 국가재정(연 26조 원)의 30%(연 7.8조 원)을 절약할 수 있는 스마트형 무상 임대주택과 스마트형무상 1인 창업투자빌딩, 스마트형 무상 실버임대주택의 패키지 정책을 전국(368개 지방자치단체)적으로 시행하는 정책 개발을 하겠습니다.

5) 국가 청년일자리정책으로 지출되는 국가재정(연 5조 원)의

50%(연 2.5조 원)을 절약할 수 있는 전국적인 스마트형 창투빌딩 건축정책시행으로 절약하겠습니다. 또한 국가고령자문제로 지출되는 국가재정(매년 10조 원)의 20%(연 2조 원)을 고령자 돌봄 수당 지급 정책으로 절약하겠습니다.

6) 쌀 생산조정제 폐지정책 등 쌀 보관료시스템 변경정책으로 매년 3조 원을 절약하겠습니다.

7) 정부출연사업예산(연 34조 원) 제도 폐지로 매년 34조 원 절약하겠습니다.

8) 공직자(공공기관종사자 포함) 수를 30% 감축하여서(공무원, 군인) 연금 충당 국가부채 역시 30%(466조 원)로 감소시키는 정책을 개발하겠습니다.

감축 방법은 '기존 공직자들의 정년 보장과 중도 감축은 없게 하고', 추가 공무원 선발 모집에서 빅데이터 전문가와 도덕적 윤리지도사로 자격을 변경하여서 선발하는 과정에서 30% 공직자수를 축소 선발하는 정책을 개발하겠습니다.

9) 국민들의 해외 쇼핑 절감 정책으로 '대형마트 영업규제 완화'와 '전국 여행지(SOC) 인프라 확충' 등의 정책 시행으로 연간 해외여행지출액(231억 달러)의 30%를 절약시킴으로써 연간 5조 원의 국가 재정 해외 유출 방지 효과를 얻게 하는 정책 개발을 하겠습니다.

10) 2030세대들의 '네오필리아(neophilia) 성행(새로움 추구)'의 국내 성취 정책을 시행하여서, 해외 여행객 가운데 50%(2명 중 1명)를 국내 여행객으로 유치함으로써 매년 13조 원의 국가 재정 해외 유출 방지 효과(국내 경제 상향 창출 효과)를 얻게 하는 정책을 개발하겠습니다.

저희 2030 미래선택연구소(Co.)에서,
대한민국 국민들에게 '자존감을 고취시키는 패러다임 변화'를 줄 수 있는 정책을 개발하게 되면, 국가재정을 절약하는 데에 분명히 성공할 것입니다.

첫째: 저는 책을 많이 판매하기 위해서가 아니라, 이 책으로 사라져버린 대한민국의 끈질기고 폭발적인 도전정신을 다시 일으키기 위함에 있으며, 그 꿈을 "2030"미래선택세대들만이 이룰 수 있다고 생각하였습니다.

둘째: 1990년대에 이미, WCDMA서비스·국제표준선정과 ICT 산업의 세계최고경쟁력을 확보한, 자랑스러운 대한민국이 너무 아깝다 생각해서, 대한민국의 모든 공직자와 공기업부터 변혁을 시킬 수 있었으면 좋겠다는 마음으로 "변경되는 공무집행 방법"(BBAS 51% 인용정책)을 개발하게 되었으며, 변경되는 공무집행방법의 완성을 위해 "공직자와 공기업 전원을 33% 감축하는 정책"과 "4차산업혁명 핵심인재 200만 명 육성정책"을 개발하게 되었습니다.

셋째: 기울어지고 있는 대한민국을 생각하면서, 국가존립의 우선순위인 <u>인구절벽해소</u>, <u>청년일자리창출</u>, <u>고령자행복보장정책</u>을 패키지로 개발하였습니다.

넷째: 패키지로 개발된 정책으로 대한민국의 연속성이 보장되었을 경우, 외부세력(북한, 일본, 중국)의 영향을 받지 않아야만, 향후 10년간 대한민국의 재건이 가능하다고 생각되어서 <u>북한문제 등 국가 경쟁력 제고정책</u>을 개발하였습니다.

다섯째: 지금 대한민국에서 가장 큰 불행의 씨앗이 되고 있는, "노동문제, 좌·우 이념문제, 기득권층 문제를 해결하는 정책을 개발하였습니다.

여섯째: 대한민국에서 가장 변혁되어야 할 부분이 대통령의 권한을 특정시키는 것이라고 생각하여서, 이 부분에 대해서 정책개발을 하면서, 4개의 독립기관(갈등해소관리위원회, 4차산업혁명위원회, 국가재정위원회, 국가감사위원회) 정책을 개발하게 되었습니다.

일곱째: 대한민국 국민들이 일체가 되기 위해서는, 살인을 한

자는 과실일지라도 최소 5년 이상은 사회와 격리시킨

다는 등의 정책개발을 하게 되었습니다.

여덟번째: 대한민국을 변혁시키기 위한 마지막 부분은 기업의

경쟁력제고정책과 신산업 육성정책을 개발하게 되었

습니다.

"(1020)2030미래선택세대들이 모두 함께하게 되면

대한민국의 세계최정상의 디지털선도국가

꿈은 분명 이루어지게 될 것입니다."

2030미래선택연구소

2030futurechoice@2030futurechoice.com
www.2030futurechoice.com

서울 서초구 반포대로30길 82, 6층(서초동, 우서빌딩)
대표전화: (02)595-2030,   팩스: (02)595-2037
2030: (02)595-2030~7   1020: (02)3481-1020~1
4050: (02)3481-4050~1   6070: (02)595-6070~1

'착한 사람 콤플렉스'를 벗어나는 뇌의 습관

모기 겐이치로/임순모 | 값 15,000원

일본 내에서 뇌과학과 인지과학 분야의 권위자로 널리 알려져 있는 저자의 이 책은 '타인에게 인정받고자 하는 욕구'가 만들어 내는 스트레스를 적절한 방식을 통해서 해소하고, 긍정적으로 승화시켜 다시 삶을 더욱 적극적으로 살아갈 원동력을 창출해 낼 수 있도록 돕는다. 이미 일본에서 좋은 평가를 받았던 이 책을 임순모 번역자의 유려한 번역을 통해 한국에서도 접할 수 있는 좋은 기회가 될 것이다

인생 캘리그라피

이형구 지음 | 값 25,000원

글씨와 그림의 중간적인 위치를 가진 미술 기법인 캘리그라피는 최근 남녀노소 할 것 없이 간단하면서도 정서를 풍요롭게 할 수 있는 대중적 예술로 각광받고 있다. 특히 이 책 『인생 캘리그라피』는 캘리그라피의 기본 개념부터 시작하여 방송·광고에서 인기 있는 캘리그라피 스타일까지 아우르고 있어 한글 특유의 아름다움과 작가의 감성을 담은 미학적 캘리그라피를 누구나 쉽게 배우고 따라할 수 있게 해주는 가이드북이 될 것이다.

양파망으로 짓는 황토집

김병일 지음 | 값 25,000원

이 책 『양파망으로 짓는 황토집』은 자연과 건강의 대명사, 황토집을 약간의 품만 들여 내 손으로 손쉽게 지을 수 있도록 도와주는 가이드북이다. 우리 주변에서 흔히 볼 수 있는 양파망을 이용, '계량화의 기법'으로 황토집 짓는 노하우의 알파에서 오메가에 이르기까지 모든 것을 책임지고 가르쳐주는 이 책은 내 집을 마련하고픈 소박한 꿈을 꾸고 있는 독자들에게 실질적인 길잡이가 되어 줄 것이다.

다시 제자가 온다

이강일 지음 | 값 15,000원

이 책, 『다시 제자가 온다』는 급격한 세속화로 인해 쇠퇴 일로를 걷고 있는 한국 기독교의 현실을 비판하며 한국 기독교의 재부흥을 위해서는 '직장선교'와 '제자 사역'이 반드시 필요하다는 점을 강조하며 '이강일 목사의 제자훈련 8단계'로 그 방법을 요약한다. 이렇게 굳건한 신앙적 열정이 함께하는 이강일 저자의 제자사역 가이드북 『다시 제자가 온다』는 뜻 있는 교인들의 가슴에 새롭게 열정의 불꽃을 피울 수 있을 것이다.

하이파이브 부부 행복

김진수 지음 | 값 15,000원

이 책은 부부간의 건강한 관계와 소통방식에 대해 얘기하고 있다. 단순히 싸우지 말자는 구호에서 그치는 것이 아니라 어떻게 하면 갈등을 '잘' 풀어나갈 수 있을 것 인가에 관해 고민하며 쓴 책이라고 할 수 있다. 다섯 개의 손가락에 비유되는 각 키워드를 따라가다 보면 가정의 화목을 고민하고 있는 모든 남편, 아내에게 해결의 실마리를 제시해 주는 훌륭한 지침서가 될 것이다.

농업이 미래다

김성수 지음 | 값 15,000원

이 책 『농업이 미래다―6차산업과 한국경제』는 산업화와 고도성장 속에서 우리가 쫓아온 산업 강국에 대한 허상을 깨뜨리고 고도로 산업화된 자본주의 선진국일수 록 1차 산업, 즉 농업 기반이 확실하다는 점에 주목하여 농업 경제에 대한 국가적, 개인적 패러다임을 전환할 것을 촉구한다. 경제학 박사로서 저자가 직접 발견하고 컨설팅한 융합농업의 선구사례들 속에서 대한민국 6차 산업의 청사진이 명쾌하 게 드러날 것이다.

간절한 꿈이 길을 열다

윤승중 지음 | 값 25,000원

이 책은 많은 역경을 극복하고 조국을 지키는 특전사로서, 삼성전자의 최장수 도쿄 지사장으로서, 그리고 (주)니토덴코의 첫 한국인 사장으로서 불꽃 같은 삶을 살았던 고 윤승중 대표의 자서전이자 꿈을 잃어버린 사람들에게 전하는 희망의 메시지이다. '현실을 벗어나려면 현실보다 큰 꿈에 올라타라'고 이야기하는 윤승중 대표의 후회 없는 삶은 방황하는 대한민국의 모든 세대에게 용기를 전해줄 것이다.

행복한 삶의 사찰기행

이경서 지음 | 값 20,000원

이 책은 『맛있는 삶의 사찰기행』에 이어서 이경서 저자의 108사찰순례를 마무리 하는 기록이다. 더욱 깊어진 통찰과 감성으로 마음을 두드리는 이번 책에도 아름 다운 사진과 불교에 대한 이야기가 가득하다. 페이지 하나하나마다 해당 사찰에 대한 깊은 지식과 동시에 사찰이 가진 아름다움과 불교의 교훈도 세세히 전달하고 자 배려하는 이 책은 우리 땅의 사찰과 함께 우리 불교에 대해서도 알아갈 수 있도 록 한 섬세함이 느껴진다.

일본! 작게 보고 크게 보고

박경하 지음 | 값 15,000원

이 책 『일본 작게 보고 크게 보고』는 20여 년이 넘는 기간을 일본에서 활동해 온 저자의 솔직담백한 일본 분석이라고 할 수 있다. 저자가 한국의 과자회사 (주)오리온의 일본법인 지사장으로 활동하며 몸으로 접한 일본의 역사, 문화, 사회, 그리고 일본시장에서의 경영전략이 구어풍의 유머러스한 필치로 생생하게 담겨 있으며 일본 시장과 경제적 전략에 관한 날카로운 분석과 생생한 지혜가 담긴 조언들역시 이 책의 특징이다.

밥 얻어먹고 살기가 어디 쉽다냐?

성장현 지음 | 값 15,000원

이 책에는 민선 지자체장으로서 성장현 구청장이 성공할 수 있었던 노력과 열정, 그리고 올바른 가치관 확립을 통한 '기본 바로세우기'에 대한 이야기가 담겨 있다. 전라도 순천에서 홀홀단신 상경해 밥벌이를 해야 했던 저자의 고난과, 용산구의 발전이 용산구민의 '밥'으로, '복지'로 돌아갈 수 있도록 상생하는 행정을 위한 그의 여정이 이 한 권의 책으로 고스란히 느낄 수 있을 것이다.

우리 아이 나쁜 버릇 고치기
5·3·3의 기적

장성욱 편저 | 값 15,000원

이 책은 잔소리하지 않고 야단치지 않고 화내지 않고 때리지 않으면서도 아이의 나쁜 버릇이나 행동을 바로잡는 구체적인 방법을 안내하고 있다. 훈육에 대한 막연한 개념서가 아닌, 실생활에서 바로 적용할 수 있는 쉬우면서도 구체적인 방법을 제시하는 '실용서'이다. 특히 훈육 적용 시의 디테일한 의문점에 대해서도 놓치지 않고 챙겨 주어 전혀 어렵지 않게 읽을 수 있다는 장점을 가지고 있다.

조직에서 능력을 인정받는
공무원의 비밀

이수희 지음 | 값 15,000원

저자는 본인의 생생한 경험과 공직생활에서 얻은 체험을 바탕으로 공무원이 되고 싶은 사람이나 현직 공무원 새내기에게 도움이 되는 구체적인 '꿀팁'들을 전해 준다. 직접 작가가 실무에 뛰어든 내용을 예로 하여 실용적인 내용을 통해 공무원으로서 지녀야 할 규율과 행동요령을 정리해 주는 이 책을 통해 독자들은 공무원으로서 근무한다는 게 어떤 것인지 보다 확실하게 알 수 있을 것이다.

대학새내기에게 '꿈이 무엇이냐'고 묻다

채병조 지음 | 값 12,000원

이 책은 저자가 직접 대학생들과 상담한 내용을 바탕으로 경험에 의거하여 대학생활을 어떻게 보낼 것인지에 대한 충고를 건넨다. 책은 거창한 이야기를 하지는 않는다. 대학에 입학하여 어떤 꿈을 가질지, 꿈 설계 시 고려사항은 무엇인지, 마음가짐은 어떻게 가져야 하는지 등 작지만 확실하게 목표 성취를 보장하는 한 걸음 한 걸음부터 시작한다. '대학생활 입론서'라 할 만하다.

내 인생의 오답노트

노회현 지음 | 값 15,000원

이 책 『내 인생의 오답노트』는 평생 이상을 향해 도약하며 상처 입고 짓밟혔던 저자의 인생을 담은 회고록이자 동시에 저자의 마지막 사회사업이기도 하다. 꿈과 도약, 좌절의 반복이었던 저자의 인생을 그림과 시로 풀어낸 이 에세이는 인간과 사회에 대한 깊이 있는 성찰을 담고 있기도 하다. 특히 '상식이 통하는 사회'를 바랐던 저자의 열망과 이상을 실현하기 위해 떠나 온 가족에 대한 애틋한 사랑으로 독자의 마음을 두드릴 것이다.

연꽃처럼 살다가 수련처럼 가련다

호정 지음 | 값 15,000원

이 책은 생이유상(生已有想)의 삶을 꿈꾸는 저자 호정 스님이 말하는 세상의 이치와 깨달음에 대한 이야기이다. 인과응보와 업장의 원리로 돌아가는 세상 속 뭇 중생의 이야기로 책을 읽다 보면 사람과 사람 사이에서 부처의 가르침을 발견하기도 하고, 사람과 자연 간의 공존을 말하기도 한다. 삶의 풍경 곳곳에서 마주치는 부처의 이야기를 접하다 보면 어느새 암자에 들어온 듯 마음이 편안해지는 것을 느낄 수 있을 것이다.

누구나 알 수 있는 전술 이야기

채일주 지음 | 값 25,000원

김예진 작가가 전하는 이야기들은 마음 한구석을 시큰하게 한다. 그동안 잊고 살았던 소중한 존재들을 떠올리게 하는 이야기들을 한데 엮었다. 그 이야기에 귀 기울이고 있노라면 주변사람들을 다시금 돌아보게 될 것이다. 이 책에 실린 글들이 부모님, 친구, 형제. 가까이에 있다는 이유만으로 잊고 지낸 사람들과의 관계의 회복을 가져다주는 온기가 되길 기원해 본다.

하루 5분 나를 바꾸는 긍정훈련
행복에너지

'긍정훈련'당신의 삶을
행복으로 인도할
최고의, 최후의'멘토'

'행복에너지
권선복 대표이사'가 전하는
행복과 긍정의 에너지,
그 삶의 이야기!

인터파크
자기계발 분야 주간
베스트 1위

권선복 지음 | 15,000원

권선복

도서출판 행복에너지 대표
지에스데이타(주) 대표이사
대통령직속 지역발전위원회
문화복지 전문위원
새마을문고 서울시 강서구 회장
전) 팔팔컴퓨터 전산학원장
전) 강서구의회(도시건설위원장)
아주대학교 공공정책대학원 졸업
충남 논산 출생

책 『하루 5분, 나를 바꾸는 긍정훈련 - 행복에너지』는 '긍정훈련' 과정을 통해 삶을 업그레이드하고 행복을 찾아 나설 것을 독자에게 독려한다.

긍정훈련 과정은 [예행연습] [워밍업] [실전] [강화] [숨고르기] [마무리] 등 총 6단계로 나뉘어 각 단계별 사례를 바탕으로 독자 스스로가 느끼고 배운 것을 직접 실천할 수 있게 하는 데 그 목적을 두고 있다.

그동안 우리가 숱하게 '긍정하는 방법'에 대해 배워왔으면서도 정작 삶에 적용시키지 못했던 것은, 머리로만 이해하고 실천으로는 옮기지 않았기 때문이다. 이제 삶을 행복하고 아름답게 가꿀 긍정과의 여정, 그 시작을 책과 함께해 보자.

『하루 5분, 나를 바꾸는 긍정훈련 - 행복에너지』